中国文化与自然遗产

冯慧娟

编

吉林出版集团股份有限公司

图书在版编目（CIP）数据

中国文化与自然遗产 / 冯慧娟编. — 长春：吉林
出版集团股份有限公司，2015.6（2024.1重印）
（全民阅读·经典小丛书）
ISBN 978-7-5534-7579-0

Ⅰ.①中… Ⅱ.①冯… Ⅲ.①文化遗产 – 中国 – 通俗
读物②自然保护区 – 中国 – 通俗读物 Ⅳ.①K203-49
②S759.992-49

中国版本图书馆 CIP 数据核字 (2015) 第 119867 号

ZHONGGUO WENHUA YU ZIRAN YICHAN

中国文化与自然遗产

作　　者：冯慧娟　编
出版策划：崔文辉
选题策划：冯子龙
责任编辑：刘　洋
助理编辑：邓晓溪
排　　版：新华智品
出　　版：吉林出版集团股份有限公司
　　　　　（长春市福祉大路5788号，邮政编码：130118）
发　　行：吉林出版集团译文图书经营有限公司
　　　　　（http://shop34896900.taobao.com）
电　　话：总编办 0431-81629909　　营销部 0431-81629880/81629881
印　　刷：北京一鑫印务有限责任公司
开　　本：640mm×940mm 1/16
印　　张：10
字　　数：130 千字
版　　次：2015 年 7 月第 1 版
印　　次：2024 年 1 月第 4 次印刷
书　　号：ISBN 978-7-5534-7579-0
定　　价：39.80 元

印装错误请与承印厂联系　　电话：18611383393

前 言

  在人类共同生存的地球上，有这样一些不同寻常的存在。在它们面前，个人显得那么渺小，而人类却又显得那么伟大。这些存在，我们不知道何以名之，姑且称之为"奇观"吧！其中一些最有价值或代表性，并且最为现代人所看重的，被赋予"世界遗产"的神圣称谓。我们或许可以这样说：世界遗产就是"奇观中的奇观"。

  目前，在联合国教科文组织的《世界遗产名录》这份权威文件上，共收录了800多处世界遗产，涵盖了全球140多个国家和地区，其中，我国算是遗产大国。截至2008年7月，我国的世界遗产已经达到37处。

  这些鼎鼎大名的文化与自然遗产，有的源于大自然鬼斧神工的雕琢，比如九寨沟、武陵源；有的则属于人类自身巧夺天工的创造，最优秀的代表如万里长城、莫高窟。还有一些，集上述两者之精华，是自然与人类共同完成的杰作，比如泰山、黄山等。

  文化与自然遗产本身就是一部卷帙浩繁的无字天书，在默默无言中传授给我们很多道理。我们若能充满敬意地去寻访、阅读它们，无疑会获得更多的智慧、力量和勇气。古人的时间相对充裕，不难有"春风得意马蹄疾，一日看尽长安花"的闲情雅趣；而对现代人来说，若能在繁忙的工作之余，抽出时间，在卷册之间神游一番，同样会是满眼芳华，美不胜收。为此，编者精心编写了这本书。全书涉及中国31处文化与自然遗产。除了遗产现状的介绍之外，书中还补充了饶有趣味的民俗、典故、传说等内容，增强了本书的可读性。

当然，相对于我国洋洋大观的文化与自然遗产而言，本书所介绍的，实为冰山之一角。不过，古人云"一叶落而知天下秋"。编者衷心希望能通过本书，为读者献上这一片立意深远的秋叶！

目录
CONTENTS

古代建筑、园林

文明遗址、陵墓

古城区、古村落

石窟、石刻

自然遗产

文化和自然双重遗产

【世界遗产的遴选标准】

1972年，联合国教科文组织在法国巴黎通过了《保护世界文化与自然遗产公约》。1976年，世界遗产委员会成立，开始将世界范围内被认为具有突出和普遍价值的文物古迹和自然景观列入《世界遗产名录》，以确保遗产的价值能永久保存下去。公约规定，对于世界遗产，整个国际社会都有责任予以保护。

〈文化遗产〉

《保护世界文化和自然遗产公约》规定，属于下列各类内容之一者，可列为文化遗产：

1.文物：从历史、艺术或科学角度看，具有突出、普遍价值的建筑物、雕刻和绘画，具有考古意义的成分或结构，铭文、洞穴、住区及各类文物的综合体；

2.建筑群：从历史、艺术或科学角度看，因其建筑的形式、同一性及其在景观中的地位，具有突出、普遍价值的单独或相互联系的建筑群；

3.遗址：从历史、美学、人种学或人类学角度看，具有突出、普遍价值的人造工程或人与自然的共同杰作以及考古遗址地带。

凡提名列入《世界遗产名录》的文化遗产项目（用"C"表示），必须符合下列一项或几项标准方可获得批准：

ⅰ——代表一种独特的艺术成就，一种创造性的天才杰作；

　ⅱ——在一定时期内或世界某一文化区域内，对建筑艺术、纪念物艺术、城镇规划或景观设计方面的发展产生过重大影响；

　ⅲ——能为一种已消逝的文明或文化传统提供一种独特的至少是特殊的见证；

　ⅳ——可作为一种建筑、建筑群或景观的杰出范例，展示出人类历史上一个（或几个）重要阶段；

　ⅴ——可作为传统的人类居住地或使用地的杰出范例，代表一种（或几种）文化，尤其在不可逆转之变化的影响下变得易于损坏；

　ⅵ——与具有特殊普遍意义的事件、现行传统、思想、信仰或文学艺术作品有直接或实质的联系。（只有在某些特殊情况下或该项标准与其他标准一同起作用时，此款才能成为列入《世界遗产名录》的理由。）

〈文化景观遗产〉

　　文化景观这一概念是1992年12月召开的世界遗产委员会第16届会议时提出并纳入《世界遗产名录》中的。这样，世界遗产即分为：自然遗产、文化遗产、自然与文化双重遗产、文化景观遗产。文化景观代表《保护世界文化和自然遗产公约》第一条所表述的"自然与人类的共同作品"。目前，列入《世界遗产名录》的文化景观还不多。总的来说，文化景观有以下几种类型：

　　1.由人类有意设计和建筑的景观：包括出于美学原因建造的园林和公园景观；

　　2.有机进化的景观：它产生于最初始的一种社会、经济、行政以及宗教需要，并通过与周围自然环境的相联系或相适应而发展到目前的形式；

3.关联性文化景观：这类景观列入《世界遗产名录》，以与自然因素、强烈的宗教、艺术或文化相联系为特征，而不是以文化物证为特征。

〈自然遗产〉

《保护世界文化与自然遗产公约》给自然遗产的定义是符合下列规定之一者：

1.从美学或科学角度看，具有突出、普遍价值的由地质和生物结构或这类结构群组成的自然面貌；

2.从科学或保护角度看，具有突出、普遍价值的地质和自然地理结构以及明确划定的濒危动植物物种生态区；

3.从科学、保护或自然美角度看，具有突出、普遍价值的天然名胜或

黄山奇石

明确划定的自然地带。

列入《世界遗产名录》的自然遗产项目（用"N"表示），必须符合下列一项或几项标准方可获得批准：

ⅰ——构成代表地球演化史中重要阶段的突出例证；

ⅱ——构成代表进行中的重要地质过程、生物演化过程以及人类与自然环境相互关系的突出例证；

ⅲ——独特、稀有或绝妙的自然现象、地貌或具有罕见自然美的地带；

ⅳ——尚存的珍稀或濒危动植物种的栖息地。

〈自然和文化双重遗产〉

同时符合自然遗产和文化遗产标准的（用"N/C"表示），列为自然和文化双重遗产。

古代建筑、园林

长城

中文名称	长城
英文名称	The Great Wall
入世时间	1987.12
所属类别	文化遗产
遴选标准	C（i）（ii）（iii）（iv）（vi）
所在省区	长城西起甘肃省的嘉峪关，东到辽宁省的鸭绿江边，横贯今辽宁、河北、天津、北京、内蒙古、山西、陕西、宁夏、甘肃等九省。

世界遗产委员会评价：

约公元前220年，一统天下的秦始皇，将修建于早些时候的一些断续的防御工事连接成一个完整的防御系统，用以抵抗来自北方敌人的侵略。在明代（1368～1644年），朝廷又继续加以修筑，使长城成为世界上最长的军事设施。它在文化艺术上的价值，足以与其在历史和战略上的重要性相媲美。

全景素描

万里长城是人类建筑史上罕见的古代军事防御工程，凝聚着我们祖先的血汗和智慧。它像一条奔腾飞跃、气势磅礴的巨龙，蜿蜒起伏于群山峻岭之间，是中华民族古老文化的丰碑和中国人智慧的结晶，同时也成为中华民族的骄傲与象征。

长城始建于2000多年前的春秋战国时期。当时楚国为了防御北方游牧民族的入侵，开始营建长城。随后，其他诸侯国也基于同样的目的，陆续开始营建。公元前221年，秦始皇统一全国，派名将蒙恬北伐匈奴，随后征发30万民众修筑长城，完成了将各国长城连接起来的工作。

秦长城西起临洮，东至辽东，绵延万余里，从此"万里长城"的称谓便流传下来。

根据历史记载，从秦朝到明朝这1000多年间，有20多个诸侯国和封建王朝修筑过长城。除秦朝外，汉、明两代也曾进行过大规模的修筑。如今，秦长城只有遗迹残存。我们现在所见到的"万里长城"，一般都是明代所修建。

绵延起伏的万里长城

明长城西起甘肃省的嘉峪关，东到东北辽宁省的鸭绿江边，全长约6300千米，而各个时代修筑的长城总长度超过了五万千米。科学家测算，如果把修建长城的砖石土方筑一道1米厚、5米高的大墙，那么这道墙可以环绕地球一周有余。

长城客观上起到了防止外族入侵，保护中原经济文化发展的积极作用。特别是明长城，已经不再是单一的一道高墙，而是修筑成"层层布防"的纵深防御体系，重点地区还修筑了多道城墙、关隘。无论从工程技术水平还是设防的严密程度而言，明长城都是以前的长城无法比拟的。

在人类文明发展史上，万里长城一直以历史悠久、工程浩繁、气势磅礴而著称于世。它早就与埃及的金字塔、印度的泰姬陵、意大利的比萨斜塔、土耳其的圣·索菲亚教堂等一起被誉为世界奇迹。

奇境珍藏

供游览的长城著名景点包括：八达岭、居庸关、司马台、慕田峪、山海关、古北口、黄崖关、嘉峪关、渤海滨老龙头等。

重点推荐：八达岭、居庸关、山海关、嘉峪关、渤海滨老龙头

八达岭

在众多的长城景观中，八达岭长城建筑得特别坚固，保存也最完好，堪称万里长城最具代表性的精华地段，也是游人游览长城的最佳地方。

八达岭长城位于北京市西北的延庆县境内，距市中心70多千米。

明代《长安客话》说，"路从此分，四通八达，故名八达岭，是关山最高者"。该处在元代曾被称为"北口"，北口之南的昌平县境内有一"南口"。南、北口之间是一条20千米长的峡谷。万里长城的著名关口"居庸关"就修筑于这条峡谷之中，该峡谷因此得名"关沟"。作为居庸关前哨的八达岭长城，正是高踞于关沟北端的最高处。该处两峰夹峙，一道中开，居高临下，形势极其险要，是历代兵家必争之地。八达岭长城随山脊而建，气势雄浑，宛如一条巨龙腾舞于群山峻岭之间。明清两朝，这里一直是京城的北大门和军事重地。古人曾有"居庸之险，不在关城，而在八达岭"之说。

八达岭长城由关隘、城墙、城台、烽火台四部分组成。墙身异常坚固，平均高度近8米，用长方形大条石砌筑。墙顶用方砖铺砌，宽约6米，可容五马并驰，十人并行。墙顶外侧筑有垛口，上有瞭望孔，下有射口。内侧筑有宇墙，主要作为护栏使用。城墙每隔数百米筑有堡垒形状的方形城台。交通要道或险要处筑有碉堡、烽火台。一遇敌情，烽火台的守兵即可点燃烽火，向远方传递情报。

登临长城之顶，极目远眺，只见群峰耸立，连绵不断。此时大可凭古怀幽，古战场的金戈铁马似乎尽在眼前，游人或能顿悟"不到长城非好汉"一语的真意。

居庸关

居庸关在八达岭以南，距北京市区50多千米，是长城著名的雄关之一。

秦始皇始筑长城，从南部迁徙一批贫苦农民和囚徒，到军都山妫川小盆地定居，称"庸徒居处"。汉武帝时，在妫川设置居庸县，而后

居庸关云台

此关便得名居庸关。

居庸关东接燕山支脉军都山,乃太行山八大关隘之一,早在汉代就是通往蒙古高原的交通咽喉。公元5世纪,北魏在此建城筑关。明代再次修筑关城,设水、陆两道关门。关城、关门以及元代城中塔基均用汉白玉筑成,远望如云,故后人称之为"云台"。台顶长25.8米,宽12.9米,其上竖立大殿柱,四周有汉白玉火焰柱栏。台下门洞口有鲸鱼、金翅鸟、蟠龙、大象等浮雕;门洞内布满千佛、天王等浮雕,以及珍贵的梵、蒙、汉等各体经文。

山海关

山海关位于今河北省秦皇岛市东北,华北平原与东北平原相连的辽西走廊西端。山海关北倚燕山余脉,东南临渤海湾,为山海之会,因此得名。明洪武十四年(1381年),大将军徐达在此筑长城并置关,以防蒙古势力的侵扰，又将西面的汉古渝关移至此。因此，山海关后来亦称渝关、临渝关，此关为万里长城东部最大的关隘，有"两京锁钥无双地，万里长城第一关"之称。

山海关矗立于山海之间的狭长地带上，城高14米，厚7米，长4千余米。依山傍海，其形势之险、规模之大，为长城沿线各关口之首，只有西端的嘉峪关可与之相比。

嘉峪关

嘉峪关位于甘肃省河西走廊西部，是明代长城的最西端，因坐落于嘉峪山麓而得名。嘉峪关长城始建于公元1372年，距今已有600多年的历史。它全长733米，高11.7米，关城面积33500平方米。相传当年建关时，工匠们对建筑材料计算得非常精确，建造完毕后只多出一块砖。这块砖就放在西瓮城门楼的后檐台上，寄托着后人对前辈工匠的崇敬之情。

嘉峪关

渤海滨老龙头

山海关南4千米处的渤海滨老龙头，是现存明长城实际上的最东起点。这里占居高地，视野开阔，是观海的理想场所。当年这里从海岸起砌石为垒，建有高三丈、长七丈的入海石头城，与岸上长城相连，为明万历年间蓟镇总兵戚继光时所建。远远看去，它恰似万里长

老龙头

城巨龙伸颈入海的龙头。巨龙在海中戏水拨浪，甚为壮观，老龙头之名即由此得来。如今，入海长城已全部坍塌，但老龙头山岗下尚留有长约50米、宽约10米的花岗岩条石堆积，可供游人观瞻。山岗上立有一块石碑，碑上镌刻着"天开海岳"四个大字，其字苍劲有力，据说是戚继光的手迹。老龙头宁海城上原建有一座澄海楼，清代几个皇帝每次回奉天祭祖都要前来登楼观海景。可惜它于1900年被八国联军所拆毁。

史海钩沉

李自成兵败山海关

长城作为古代最大的防御工程，在历史上见证了无数重大的战争事件。特别是号称"天下第一关"的山海关，在明清两朝交替之际成为护卫明朝江山的最后一道雄关。最后也正是因为这道关，清军击碎了一代枭雄李自成君临天下的雄图壮志。

明崇祯十七年（1644年）春，李自成起义军攻占明朝京都北京以后，盘踞山海关的明总兵吴三桂见大势已去，接受了李自成的招降。

但后来吴三桂风闻起义军拘禁了他的父亲和爱妾陈圆圆，便"冲冠一怒为红颜"，转而投向清摄政王多尔衮，拱手献出山海关。李自成闻讯，亲率六万余人挥师东征，与吴三桂争夺山海关。起义军把吴军团团围住。吴三桂多次突围不成，眼看起义军就要攻下山海关。不料清军应吴三桂密约，派14万人马突然从侧翼向李自成扑来，加上这时天气很坏，大风骤起，飞沙走石，打乱了起义军的阵脚。李自成只好撤兵返回北京。此后不久，清军便一举打败李自成，开始入主中原。

阅读分享　趣味测评　图文资讯　拓展视频

微信扫码

故宫

中文名称	北京故宫，沈阳故宫
英文名称	Imperial Palace of the Ming and Qing Dynasties in Beijing and Shenyang
入世时间	1987.12（北京故宫），2004.7（沈阳故宫）
所属类别	文化遗产
遴选标准	C（iii）（iv）
所在省区	北京市（北京故宫），辽宁省（沈阳故宫）。

世界遗产委员会评语：

　　北京故宫是中国五个多世纪以来的最高权力中心，以园林景观和容纳了家具及工艺品的9000个房间的庞大建筑群，成为明清时代中国文明无价的历史见证。

　　沈阳的清朝故宫包括114座建筑，始建于1625～1626年间，到1783年完成，包含一个重要的图书馆。它见证了在势力扩展到这个国家的中心地区并将都城迁移到北京之前，这个统治中国的最后一个王朝的根基。这座宫殿后来成为北京皇宫的陪都。对于清朝的历史及满族与中国北方其他部族的文化传统而言，这座非凡的庞大建筑群提供了重要的历史证据。

一、北京故宫

北京故宫是明清两代的皇宫，又称紫禁城，始建于明永乐四年（1406年），历时14年才完工，先后有24位皇帝在此登基。

北京故宫四周筑有城墙，呈长方形，高10米，南北长960米，东西宽760米，占地72万多平方米，屋宇9999间半，建筑面积15.5万平方米。北京故宫建筑以木结构为主，黄琉璃瓦顶、青白石底座，饰以金碧辉煌的彩画。这些宫殿是沿着一条南北向中轴线排列，并向两旁展开，南北取直，左右对称，气魄宏伟，规划严整。紫禁城四个城角都有精巧玲珑的角楼，所谓"九梁十八柱"，异常美观。墙外有宽52米的护城河环绕，与之形成一个森严的城堡式建筑群。

北京故宫南半部以太和、中和、保和三大殿为中心，两侧辅以文华、武英两殿，是皇帝举行朝会的地方，称为"前朝"。北半部则以乾清、交泰、坤宁三宫及东西六宫和御花园为中心，其外东侧有奉先、皇极等殿，西侧有养心殿、雨花阁、慈宁宫等，是皇帝和后妃们居住、举行祭祀和宗教活动以及处理日常政务的地方，称为"后寝"。整组宫殿建筑布局严谨，秩序井然，寸砖片瓦皆遵循着封建等级礼制，显示出帝王至高无上的权威。

北京故宫是我国现存最大、最完整的木结构古建筑群。北京故宫的设计与建筑，堪称是一个无与伦比的杰作，标志着我国悠久的文化传统，以及500多年前匠师们卓越的建筑成就。

二、沈阳故宫

沈阳故宫在辽宁省沈阳市旧城中心，是清初所建的皇宫，原名

中国文化与自然遗产

沈阳故宫大政殿

盛京宫阙，后称奉天行宫。沈阳故宫始建于后金天命十年（明天启五年，1625年），建成于清崇德元年（明崇祯九年，1636年）。清顺治元年（1644年），清政权移都北京后，成为"陪都宫殿"。从康熙十年（1671年）到道光九年（1829年）间，数位清帝共11次东巡祭祖谒陵，曾驻跸于此，并对它有所扩建。

沈阳故宫在建筑艺术上承袭了中国古代建筑的传统，集汉、满、蒙族建筑艺术为一体，具有很高的历史和艺术价值。

奇境珍藏

一、北京故宫

北京故宫以乾清宫为界，将整个故宫分为前朝和后寝两大部分。前朝是皇帝会见群臣、处理政务、举行重大庆典的地方，其宫殿高大宽敞，富丽堂皇，主要建筑有午门、太和门以及所谓的三大殿：太和殿、中和殿、保和殿。而后寝则是皇帝、皇后以及后妃们的生活起居之所，其宫殿相对狭小、紧凑，以乾清、交泰、坤宁三宫为代表，此外还有文华殿、武英殿、御花园等。

重点推荐：午门、太和门、太和殿、中和殿、保和殿、乾清宫、交泰殿、坤宁宫

午门

午门是紫禁城的正门，上有崇楼五座，以游廊相连，东西各有一座阙亭，形如雁翅，俗称五凤楼。午门共有五个门洞，当中是正门，正门左右侧各有一门，另外左右还有两个掖门。正门平时只有皇帝才能出入；皇帝大婚时，皇后可以进一次；殿试考中状元、榜眼、探花的三人可以从此门走出一次。在清代，文武大臣出入左侧门，宗室王公出入右侧门。左右掖门平时不开，只有皇帝在太和殿举行大典时，文武百官才能由两掖门出入。

午门正中门楼左右的两座阙亭，内设钟鼓。何时鸣钟，何时击鼓，都有规定。皇帝祭祀坛庙出午门鸣钟；皇帝祭祀太庙时击鼓；皇帝升殿举行大典时则钟鼓齐鸣。

午门

明清两代，每逢战争凯旋，皇帝都将亲临午门举行献俘典礼。清代皇帝每年农历十月初一还要在午门颁发第二年的历书，举行颁发仪式，叫"颁朔之礼"。

太和门

太和门是前朝三大殿的正门，建在汉白玉砌成的三层平台上，平台四周有栏杆围绕。太和门外两侧陈设着一对大铜狮，东面为雄性，前右爪踏一绣球；西面的为雌性，前左爪抚一幼狮。这种宫廷中的装饰既豪华，又象征皇帝的尊贵和威严。

太和门前是一个方形广场，广场东西两侧为庑，东北、西北两角为崇楼。广场正中是一条专供皇帝使用的白玉石御路。广场前部横贯金水河，曲折有致，形似玉带，也叫玉带河。河上跨汉白玉单拱金水桥五座。太和门内，是三大殿宽敞的封闭式庭院。太和殿坐落在正北面的三台之上，映衬着太和门，使其显得愈发气势威严。

太和殿

太和殿为故宫第一大殿，俗称金銮殿，在北京故宫的中心部位，与中和殿、保和殿合称"故宫三大殿"。太和殿始建于明永乐四年（1406年），现存建筑系康熙三十四年（1695年）所修。明、清两代皇帝即位、大婚、册立皇后以及元旦赐宴、命将帅出征和金殿传胪等大典均在此举行。

太和殿建在高约5米的汉白玉台基上。台基四周矗立成排云龙云凤望柱，前后各有三座石阶，中间石阶雕有蟠龙，衬托以海浪和流云的"御路"。殿内有沥粉金漆木柱和精致的蟠龙藻井，上挂"正大光

故宫太和殿

明"匾。殿中间是封建皇权的象征——金漆雕龙宝座，其上半部为圈椅靠背，背上金龙缠绕，下部为金漆蟠龙须座。座后设有七扇雕龙探金屏风。

太和殿红墙黄瓦、高大宽敞、富丽堂皇，是北京故宫最壮观的建筑，也是中国最大的木结构殿宇。

中和殿

中和殿，故宫三大殿之一，明永乐十八年（1420年）建成。中和殿曾经历三次火灾，现存为明天启七年（1627年）重建。殿初名华盖殿，后改称中极殿，清顺治二年（1645年）始称中和殿。

中和殿平面呈正方形，面阔、进深各为3间，四面出廊，金砖铺地。屋顶为单檐四角攒尖，屋面覆黄色琉璃瓦，中为铜胎鎏金宝顶。殿内外檐均饰金龙和玺彩画，天花为沥粉贴金正面龙，殿内设地屏宝座。

中和殿

明清两朝，在太和殿举行各种大典前，皇帝先要在中和殿小憩，并接受执事官员的朝拜。凡遇皇帝亲祭，如祭天坛、地坛，皇帝都要于前一日在中和殿阅视祝文；祭先农坛举行亲耕仪式前，还要在此查验种子和农具。

保和殿

保和殿，故宫三大殿之一，位于中和殿后，建成于明永乐十八年（1420年），初名谨身殿，嘉靖时遭火灾，重修后改称建极殿，清顺治二年改为保和殿。

保和殿面阔9间，进深5间。屋顶为重檐歇山顶，上覆黄色琉璃瓦。内外檐均为金龙和玺彩画，天花为沥粉贴金正面龙。六架天花梁彩画极其别致，与偏重丹红色的装修和陈设搭配协调，显得华贵富丽。殿内金砖铺地，坐北向南设雕镂金漆宝座。

保和殿在明清两代用途不同，明代大典前皇帝常在此更衣；清代每年除夕、正月十五，皇帝要在此赐外藩、王公及一、二品大臣宴，赐额驸之父、有官职家属宴。清顺治帝和康熙帝均曾在保和殿暂住。从乾隆年间开始，清朝殿试也在保和殿举行。

乾清宫

乾清宫，内廷后三宫之一，始建于明永乐十八年（1420年），明清两代曾因数次被焚毁而重建，现有建筑为清代嘉庆三年（1798年）所建。乾清宫高20米，重檐庑殿顶，面阔9间，进深5间，正中设宝座，分东西暖阁。从明代永乐帝迁都北京到清初，这里都是皇帝居住和处理日常事务的地方。明代14位皇帝和清代的顺治、康熙两位皇帝都以乾清宫为寝宫。特别是康熙帝，经常在此举行"御门听政"，最后还驾崩在乾清宫。雍正帝继位后，移居养心殿，但还是经常到这里选派官吏、批阅奏文。

正殿内横匾上书有"正大光明"四字，是雍正按顺治的笔迹所写，表明自己行事光明磊落。清代自康熙以来，不预先宣布太子，而是由皇帝把继承人的名字写好，用小匣封装起来，放在"正大光明"匾额的背后，待皇帝死后再由顾命大臣打开小匣，宣布帝位的继承人。

乾清宫

交泰殿

交泰殿，内廷后三宫之一，位于乾清宫之后，约为明嘉靖年间建，顺治十二年（1655年）、康熙八年（1669年）重修。嘉庆二年（1797年）乾清宫失火，殃及此殿，同年重建。

交泰殿平面为方形，面阔、进深各3间，单檐四角攒尖顶，铜镀金宝顶，黄琉璃瓦。殿内顶部为盘龙衔珠藻井，地面铺墁金砖。明间设宝座，上悬康熙帝御书"无为"匾，宝座后有板屏一面，上书乾隆帝御制《交泰殿铭》。东次间设铜壶滴漏，乾隆年后不再使用。西次间设大自鸣钟，宫内时间以此为准。

交泰殿为皇后千秋节受庆贺礼的地方。清代，此殿贮有清二十五宝玺。清世祖所立"内宫不许干预政事"的铁牌也曾立于此殿。每年春季祀先蚕，皇后要先一日在此查阅采桑的用具。

坤宁宫

坤宁宫，内廷后三宫之一，于明永乐十八年（1420年）建成。在明代，坤宁宫是皇后的寝宫。面阔9间，原来是正面中间开门，有东西暖阁。李自成农民起义军打进北京时，崇祯皇帝的皇后周氏就是在坤宁宫自缢身亡的。清顺治十二年（1655年）仿盛京清宁宫的式样重修。

清代按满族的习俗把坤宁宫西端四间改造为萨满教祭神的场所，每天早晚都有祭神活动。凡是大祭的日子和每月初一、十五，皇帝、皇后都亲自祭神。每逢大的庆典和元旦，皇后还要在这里举行庆贺礼。东端二间是皇帝大婚的洞房，房内墙壁饰以红漆，顶棚高悬双喜宫灯。洞房有东西二门，西门里和东门外的木影壁内外，都饰以金漆双喜大字，有出门见喜之意。洞房西北角设龙凤喜床，床铺前挂的帐子和床铺上放的被子，都是江南精工织绣，上面各绣神态各异的100个顽童，称作"百子帐"和"百子被"，五彩缤纷，鲜艳夺目。清代，年幼登基的康

铜龟

沈阳故宫崇政殿

熙、同治、光绪三位皇帝均在此成婚。

二、沈阳故宫

沈阳故宫现占地面积6万平方米，共有宫殿房屋300余间，是中国现存仅次于北京故宫的最完整的皇宫建筑。沈阳故宫以崇政殿为核心，从大清门到清宁宫为中轴线，分为东路、中路、西路三个部分。

大政殿为东路主体建筑，是举行大典的地方。前面两侧排列十座亭子，称为"十王亭"，是左、右翼王和八旗大臣议政之处。

中路为整个建筑群的中心，分前后三个院落。前院有大清门、崇政殿、飞龙阁、翔凤阁，其中崇政殿是沈阳故宫的正殿，建于后金天聪年间，是清初朝会之所；中院有师善斋、协中斋、凤凰楼；后院是以清宁宫为主的五宫建筑。

西路为乾隆年间增建，包括戏台、嘉荫堂、文溯阁、仰熙斋等，其中文溯阁是清代收藏《四库全书》的七阁之一。

明朝深宫之乱——壬寅宫变

明朝嘉靖年间，皇室日趋腐败。嘉靖皇帝为求长生不老，常服食丹药。他听方士们说用清晨的露水炼丹，效果最好，于是组织许多宫女清早为他采露。采露工作本身非常辛苦，加上嘉靖皇帝脾气暴躁，经常鞭挞宫女，使宫女们日子过得苦不堪言，对嘉靖恨之入骨。不久，后宫便爆发了一次震惊宫廷的"壬寅宫变"。

嘉靖二十一年（1542年），以杨金英为首的十多名宫女趁嘉靖皇帝熟睡之时，潜入他的寝室乾清宫。众人按住嘉靖皇帝，用黄绸子勒住他的脖子，眼看就要大功告成，可慌乱中却把绳套拴成了死结，怎么也收不紧。这时一个婢女发现了此事，跑出去报告皇后。皇后急忙赶来救驾，一看嘉靖已经断气了，于是赶紧叫来御医进行抢救，御医下了猛药救治。史书记载："嘉靖吐紫血数升。"后来又经过一段时期的调理，嘉靖皇帝终于大难不死。而杨金英等勇敢的宫女们全部被捕，几天后被凌迟处死。嘉靖皇帝从此搬到西苑万寿宫居住，20多年后才重回乾清宫。

颐和园

中文名称	颐和园
英文名称	Summer Palace
入世时间	1998.11
所属类别	文化遗产
遴选标准	C（i）（ii）（iii）
所在省区	北京市

世界遗产委员会评语：

　　北京颐和园始建于1750年，1860年在战火中严重损毁。1888年，慈禧太后命人在原址上重新进行了修缮。其亭台、长廊、殿堂、庙宇和小桥等人工景观与自然山峦和开阔的湖面相互和谐、艺术地融为一体，堪称中国风景园林设计中的杰作。

全景素描

　　颐和园位于北京西郊，拥山抱水、气象万千，堪称中国传统造园艺术的典范，也是北京清朝皇家园林——"三山五园"中唯一保存完整的一处。（注："三山五园"中的"三山"是指香山、玉泉山和万寿山。"五园"则是指香山的静宜园、玉泉山的静明园、万寿山的清漪园，以及圆明园和畅春园。清漪园为颐和园的前身，是"三山五园"中最后落成的一处皇家园林。）

乾隆年间，乾隆皇帝为了庆祝他母亲60岁寿辰而建清漪园，还将当地的名山瓮山改名为万寿山，将瓮山前的小湖瓮山泊改名昆明湖。咸丰年间，清漪园在英法联军火烧圆明园时同遭毁坏。光绪十四年（1888年），慈禧挪用海军军费五万两，经过十年的时间修复成功，改名为"颐和园"。1900年，颐和园又遭八国联军洗劫。慈禧从西安回到北京后，再次动用巨款修复此园。

乾隆帝朝服像

颐和园规模宏大，总面积达290万平方米，主要由万寿山和昆明湖两部分组成，其中水面占全园面积的四分之三。慈禧三番五次修复此园的目的，是为了"归政"以后在此颐养天年。这片名为"万寿"的宝地自然成为她的首选。从1903年起，慈禧大部分时间都在这里度过。由于慈禧经常要在园内接见臣僚，处理朝政大事，为此在园林区的前部专门建置了一个宫殿区和居住区，建有各种形式的宫殿园林建筑3000多间。因此，颐和园是一个兼具"宫"、"苑"双重功能的大型皇家园林。

颐和园共分三个大区：

一、勤政区：以东宫门内的仁寿殿为中心，包括西侧配殿和仁寿门外的南北九卿房。慈禧后半生的大部分时间就在此处理政务。

二、居住区：在勤政区的西边，以玉澜堂、宜芸馆、乐寿堂三大庭园为主，用曲折迂回的游廊沟通各大庭院，具有园林的风格。慈禧生前居住于此。

三、游览区：是全园的主体部分，也是全园精华所在，各种建筑主要分布在万寿山上和昆明湖的四周，向北通过排云门、二宫门、排云殿、德辉殿、佛香阁，直到山顶的智慧海，层层上升，构成了以琉璃瓦覆盖的前山主体建筑群。

重点推荐：仁寿殿、玉澜堂、昆明湖和十七孔桥、佛香阁、智慧海、颐和园长廊

颐和园昆明湖

仁寿殿

仁寿殿原名勤政殿，光绪年间改为今名，意为施仁政者长寿。仁寿殿是清朝末年慈禧太后和光绪皇帝在颐和园坐朝听政、召见臣属的正殿。两侧配殿是群臣等候上朝的地方。殿前庭院绿树浓荫，配以假山曲径，并有古铜宝鼎和龙凤麒麟。

仁寿殿前的铜麒麟

1898年，光绪皇帝曾在仁寿殿召见维新派领袖康有为，揭开了维新变法的序幕。

自光绪十四年之后，慈禧加强了自己的执政权力，政治中心由紫禁城逐渐移至颐和园，仁寿殿似乎成了实际上的"金銮殿"。大殿中，陈设一如当年原样，殿中用紫檀木雕刻的地平床上陈放着象征封建皇权的九龙宝座。后面的屏风亦为紫檀木所制，顶部雕刻金色闹龙九条，中间玻璃框上刻画226个不同写法的"寿"字。

玉澜堂

玉澜堂在仁寿殿西南，临湖而建，是一座三合院式的建筑。正殿玉澜堂坐北朝南，东配殿霞芬室，西配殿藕香榭。三个殿原先均有后门，东殿可到仁寿殿，西殿可到湖畔码头，正殿后门直对宜芸馆。

戊戌变法失败后，慈禧曾把光绪囚禁于玉澜堂，东、西、北三面通道均用砖墙阻隔，正南有慈禧所派的亲信太监在值房日夜监视。当时为防止光绪与外界接触，曾砌了多道墙壁，如今仍能见到些许痕迹。

昆明湖和十七孔桥

昆明湖是颐和园灵气所在，也是北京近郊最吸引人的水域之一。昆明湖总面积有200多万平方米，比北京市内的五个北海还要大。根据水域的分割状况，昆明湖分为大湖、西湖和后湖三个部分，主要水面集

十七孔桥

中在大湖。昆明湖水域广阔，景色秀丽。每年夏秋季节，大量游人纷纷而至，在昆明湖上泛舟消暑。西望有玉峰宝塔立于青山之上，北看有佛香高阁处于翠柏之间。桥、岛、殿、阁倒映水中，充满诗情画意，使人兴味盎然。

十七孔桥是一座长150米的17孔联拱大石桥，飞架于南湖岛和廓如亭之间，乾隆时仿著名的卢沟桥所建。桥上石雕极其精美，每个桥栏的望柱上都雕有神态各异的狮子，大小共计544只，两桥头还有石雕异兽，形象十分生动。据说，之所以建成十七孔桥，是因为桥正中的大孔，从桥两端数来正好是"九"数，而"九"称为极阳数，是过去封建帝王最喜欢的吉利数字。

佛香阁

佛香阁坐落于万寿山前山中部的山腰上，是一座八面三层四重檐的建筑，为原清漪园内的建筑。佛香阁高41米，依山而建，气势宏大。传说乾隆在修造清漪园时，原准备在此处建一座九层宝塔。当建到第八层时，乾隆下旨将已建好的八层拆掉，重新建造了一座八方阁，即佛香阁。当年的佛香阁犹如巨擘，将当时"三山五园"的美景提携于周围，使之成为一个大型皇家园林风景区。

原阁于1860年毁于英法联军之手，如今的佛香阁是光绪十七年（1891年）重建，1894年竣工。佛香阁内供接引佛，慈禧每月朔望在此烧香礼佛。

智慧海

智慧海并非海，也不是湖，而是一座宗教建筑，雄踞于万寿山之巅。"智慧海"之名的本意是颂扬佛的智慧浩如大海。该殿兴建于乾隆年间，因不用梁柱承重，全部由琉璃砖、石料拱券砌成，故俗称"无梁殿"。过去殿内设有佛龛，全部被英、法联军烧毁。殿外墙壁上饰有琉璃佛像1008尊，其中亦有许多被毁。殿前的琉璃牌坊，居高临险，异常壮美。牌坊的两面额和无梁殿的前后额，均是三个字的题额，连起来正是佛家的偈语："众香界，祇树林，智慧海，吉祥云。"

颐和园长廊

长廊是颐和园中匠心独运的一大手笔，代表了中国园林建筑的高超水平。颐和园长廊东起邀月门，西至石丈亭，全长728米，共273间，是中国廊建筑中最大、最长、最负盛名的游廊，也是世界第一长廊，1992年被吉尼斯世界纪录大全收录在卷。

长廊

颐和园长廊中间建有象征春、夏、秋、冬的"留佳"、"寄澜"、"秋水"、"清遥"四座八角冲檐的亭子。长廊东西两边南向各有伸向湖岸的一段短廊，衔接着对鸥舫和鱼藻轩两座临水建筑。西部北面又有一段短廊，接着一座八面三层的建筑，山色湖光共聚一楼。这条彩带般的长廊，把万寿山前分散的景点建筑连缀在了一起。游人可沿途穿花透树，看山赏水，美不胜收。

史海钩沉

颐和园沧桑史

1750年，乾隆下旨兴建清漪园，历时15年竣工，成为颐和园的前身。1860年，英法联军发动第二次鸦片战争，入侵北京后放火焚烧了圆明园乃至万寿山、玉泉山和香山的宫殿，清漪园至此终被焚毁。光绪十一年（1886年），慈禧太后挪用海军经费，为大力修复清漪园做好准备。1888年，慈禧太后假托光绪皇帝的名义颁发上谕，宣称为太后"颐养冲和"而修复清漪园，并将清漪园改名为颐和园。1900年，八国联军攻入北京，在颐和园大肆劫掠，使颐和园遭到严重破坏。1901年，慈禧太后从西安逃难回京，拨巨款重修颐和园，但是因为国库匮乏而只修了前山的部分地带。1911年发生辛亥革命后，作为优待皇室的条件，此园依然归清王室所有。1924年清朝末代皇帝溥仪离开北京，颐和园被辟为公园。

北京天坛

中文名称	天坛
英文名称	Temple of Heaven
入世时间	1998.11
所属类别	文化遗产
遴选标准	C（i）（ii）（iii）
所在省区	北京市

世界遗产委员会评语：

　　天坛建于公元15世纪上半叶，坐落在皇家园林当中，四周古松环抱，是保存完好的坛庙建筑群，无论在整体布局还是单一建筑上，都反映出了天地之间的关系，而这一关系在中国古代宇宙观中占据着核心位置。同时，这些建筑还体现出帝王将相在这一关系中所起的独特作用。

全景素描

　　天坛是北京"天地日月"诸坛之首，是我国和世界上现存最大的古代祭祀性建筑群，始建于明永乐十八年（1420年），是一座典型的坛庙。明清两代皇帝曾在此祭天，孟春祈谷、孟夏祈雨、孟冬祀雪，以求国家昌盛、皇权永固。

天坛祈年殿

　　天坛占地273万平方米，分为圜丘、祈谷两坛。天坛以严谨的建筑布局、奇特的建筑构造和瑰丽的建筑装饰著称于世。天坛建筑布局呈"回"字形，有垣墙两重，分为内坛和外坛，坛墙南方北圆，象征天圆地方。主要建筑物在内坛，南有圜丘坛、皇穹宇，北有祈年殿、皇乾殿，由一条贯通南北的甬道——丹陛桥，把这两组建筑连接起来。外坛古柏苍郁，环绕着内坛，使主要建筑群显得更加庄严宏伟。坛内还有巧妙运用声学原理建造的回音壁、三音石、对话石等，充分显示出古代中国建筑工艺的发达水平。

　　无论从架构、力学还是美学角度来看，天坛都是出类拔萃、举世无双的建筑杰作。这座昔日的皇家坛庙现已开放为天坛公园，成为北京市最富有特色的旅游公园。

天坛内主要建筑有丹陛桥、皇穹宇、圜丘坛、祈年殿、皇乾殿、祈年门、斋宫、神乐署、牺牲所等。

重点推荐：丹陛桥、皇穹宇、圜丘坛、祈年殿

丹陛桥

丹陛桥也称海墁大道，是一条南北走向的石砌台基，长360米、宽29.4米。为天坛内坛的主轴线，起着连接南端圜丘坛和北端祈谷坛两组建筑的重要作用。"丹"意为红，"陛"原指宫殿前的台阶。古时宫殿前的台阶多饰红色，故名"丹陛"。因道下有一隧洞与其形成立体交叉，故名"丹陛桥"。丹陛桥南端高约1米，北端却高约3米。如此设计建造，一则象征皇帝步步高升，寓升天之意；二则表示从人间到上天有遥远的路程。由于是升天之路，桥面中心线的石板道称为"神道"，供天帝神灵行走，起象征性作用。神道两侧左为"御道"，为皇帝行走专

丹陛桥

用。右为"王道"，供陪祭的王公大臣通行。

皇穹宇

皇穹宇在圜丘坛的北面，建于明嘉靖九年（1530年）。皇穹宇初为重檐圆形建筑，名"泰神殿"，是圜丘坛的正殿，用于存放圜丘坛祭天大典所供的神牌。嘉靖十七年（1538年）改名为"皇穹宇"，清乾隆十七年（1752年）改建为今式。皇穹宇殿高19.5米，直径15.6米，木拱结构，蓝琉璃筒瓦，尖顶，汉白玉石基，是圆形亭子式殿堂，显得精巧而庄重。殿内开花藻井为青绿基调的金龙藻井，中心为大金团龙图案，是古代建筑杰作。

皇穹宇两侧有配殿，与皇穹宇共用一座圆形围墙围起来。由于内侧墙面平整光洁，声音可沿内弧传递，从一边小声说话，另一边从壁上能清晰地听到，所以俗称"回音壁"，是天坛公园内最为有趣的景观。

圜丘坛

圜丘坛在天坛南部，始建于明嘉靖九年（1530年）。明清历代皇帝每年祭天时，都从西边牌楼下轿，然后步入昭亨门，进昭亨门到圜丘坛。该坛四周绕有两层蓝色琉璃瓦矮墙。外墙为方形，内墙为圆形，象征"天圆地方"。内层中央处就是祭天台，即圜丘台。

天坛的圜丘台原是一座蓝色琉璃台，清乾隆十四年（1749年）又将坛面、栏板、栏柱改换北京房山特产的"艾叶青"石。圜丘台共分三层，每层四面各有九级台阶，周边均有汉白玉栏杆，每个栏杆和栏板都有精雕细刻的云龙图案。祭坛所用石料数目，都与"九"有关。上层直径9丈，中层15丈，下层21丈，都为奇数（阳数），以符合"天为阳"之说。

圜丘坛俯瞰

三层之和为45丈，不但是九的倍数，还含有"九五之尊"的意思。

圜丘坛最上层中央是一块圆石。当年，皇帝站在上面说话时，声音显得十分洪亮，仿佛是在传达上天的神谕，令听者不免屏息凝神、肃然起敬。其实，这是建筑者巧妙利用回声原理的结果。祭天是在黎明前进行，灯竿高悬大灯笼，名曰"天灯"，用来照明。同时在各个燎炉焚烧松柏木、檀香木，香烟缭绕，火光可以照亮全坛，仪式非常隆重壮观。

祈年殿

祈年殿原名大祀殿、大享殿，建于明永乐十八年（1420年），用于合祀天、地。殿高38米，直径30米，下部为汉白玉砌筑的圆形三层坛体，殿顶覆盖上青、中黄、下绿三色琉璃，寓意天、地、万物。清乾隆十六年（1751年）改三色瓦为统一的蓝瓦金顶，定名"祈年殿"，作为孟春（正月）祈谷的专用建筑。殿内28根金丝楠木大柱，亦按天象设计。里圈的四根寓意春夏秋冬四季，中间一圈12根寓意12个月，最外一圈12根寓意12时辰以及周天星宿。

祈年殿附属的燔柴炉，是以绿琉璃砌筑的巨大圆形砖炉。祀天大典开始时，先置一刳净牛犊于炉上，用松枝、苇把燔烧，以迎天神，称

"燔柴迎帝神"。祀典礼成，皇天上帝神案上所列一应供品和祝帛均恭运炉内焚化，皇帝也需一旁恭立、目视，称"望燎"。

天坛沧桑史

明永乐四年（1406年），明成祖朱棣开始在北京营建宫殿城池，同时在南郊兴建郊庙"天地坛"，历时14年建成。当时在天地坛合祀天、地。明嘉靖九年（1530年），除建"圜丘坛"外，朝廷又另在北郊建"方泽坛"，改天地合祀为分祀。南郊的圜丘坛成为专门祭天的场所，方泽坛成为专门祭地的场所。嘉靖十年（1531年），大祀殿（祈年殿）改为祈谷坛。圜丘、祈谷成为今日天坛的两大组成部分。嘉靖十三年（1534年），帝诏改圜丘坛为天坛，方泽坛为地坛，天地坛这个名称就被天坛所代替。乾隆八年（1743年）起，朝廷先后用十余年时间修缮改造了斋宫、圜丘坛、皇穹宇、大祀殿、神乐署、牺牲所，并加筑了钟楼等建筑，使天坛日臻完美。1918年，天坛正式改名天坛公园，对外售票，是为天坛开放之始。

中国文化与自然遗产

承德避暑山庄

中文名称	承德避暑山庄及周围寺庙
英文名称	The Mountain Resort and its Outlying Temples, Chengde
入世时间	1994.12
所属类别	文化遗产
遴选标准	C（i）（ii）
所在省区	河北省

世界遗产委员会评语：

　　承德避暑山庄是清王朝的夏季行宫，位于河北省境内，修建于1703年到1792年。它是由众多的宫殿以及其他处理政务、举行仪式的建筑构成的一个庞大的建筑群。建筑风格各异的庙宇和皇家园林同周围的湖泊、牧场和森林巧妙地融为一体。避暑山庄不仅具有极高的美学研究价值，而且还保留着中国封建社会发展末期的罕见的历史遗迹。

全景素描

　　避暑山庄又名承德离宫或热河行宫，位于河北省承德市中心北部，武烈河西岸一带狭长的谷地上，是清代皇帝夏天避暑和处理政务的场所。避暑山庄始建于康熙四十二年（1703年），建成于乾隆五十七年（1792年），历时89年。与北京紫禁城相比，避暑山庄以朴素淡雅的山村野趣为格调，取自然山水之本色，吸收江南塞北之风光，成为中国现存最大的古代帝王离宫。

避暑山庄的最大特色是山中有园，园中有山，山区占了整个园林面积的五分之四。从西北部高峰到东南部湖沼、平原地带，相对等差180米，形成了群峰环绕、沟壑纵横的景色。山谷中清泉涌流，密林幽深。避暑山庄之外，半环于山庄的是雄伟的寺庙群，如众星捧月一般，象征着民族团结和中央集权。著名的承德"外八庙"分布在避暑山庄东北面山麓的台地上。这些庙宇金碧辉煌，宏伟壮观。

避暑山庄是中国古典园林艺术的杰作，它继承和发展了中国传统的造园思想，按照地形地貌特征进行选址和总体设计，完全借助于自然地势，因山就水，顺其自然，同时融南北造园艺术的精华于一身。整个山庄东南多水，西北多山，被誉为"中国地理形貌之缩影"，堪称中国

园林史上一个辉煌的里程碑。

避暑山庄有宫墙十千米，墙内的建筑布局大体可分为宫殿区和苑景区两大部分。苑景区又可分成湖区、平原区和山峦区三部分。墙外众多寺庙星罗棋布，称为"外八庙"。

一、宫殿区：位于湖泊南岸，地势平坦，是皇帝处理朝政、举行庆典和生活起居的地方，由正宫、松鹤斋、万壑松风和东宫四组建筑组成。

二、湖泊区：在宫殿区的北面，有八个小岛屿，将湖面分割成大小不同的区域，富有江南水乡的特色。著名的热河泉即位于本区。

三、平原区：在湖区北面的山脚下，有万树园和试马埭，是一片茫茫草原风光。

四、山峦区：在山庄的西北部，面积约占全园的五分之四。这里山峦起伏，众多楼堂殿阁、寺庙点缀其间。

重点推荐：正宫、万壑松风、热河泉、万树园、榛子峪、溥仁寺、普宁寺

正宫

位于避暑山庄南部，是避暑山庄的主要宫殿，清代皇帝驻跸山庄期间居住和处理朝政、举行庆典、召见王公大臣及少数民族政教首领、接见外国使臣的地方。按照中国封建王朝的规范，故名正宫。正宫建于清康熙四十九年（1710年），改建于乾隆十九年（1754年），整体布局严整，风格古朴淡雅。它处在丽正门至岫云门之间的主轴线上，共有九进庭院，以表

现皇帝"身居九重"。

万壑松风

地处正宫的东北角，南依松鹤斋，北濒下湖，是宫殿区与湖泊区的过渡建筑，形制与颐和园的谐趣园类似。整组建筑用半封闭回廊连通环抱，不设主轴线，各殿堂参差错落。主殿万壑松风殿坐南朝北，是山庄内唯一一座打破坐北朝南体制的正殿。"长松数百，掩映周回"，西北方的峡谷中，又不断发出阵阵松涛之声。康熙、乾隆都曾在此读书，康熙还选派两名年轻的妃子住在鉴始斋旁的"静住室"，照料这位小皇孙。乾隆登基后为怀念康熙当初的宠爱，于1756年将此书屋改名"鉴始斋"。

澹泊敬诚殿

热河泉

位于湖区东北部，是山庄湖泊的主要水源。据专家推测，热河泉形成大约在7000万年以前。当时这里曾发生过大规模的火山喷发，从而演变成了现在的热河泉。其地流泉四涌，与山间的瀑布和溪流汇合，形成了宽阔的湖区。泉水流经澄湖、如意湖、上湖、下湖，自银湖南部的五孔闸流出，沿长堤汇入武烈河。炎炎夏日，湖水清澈晶莹，冷砭肌骨。严冬季节，热气蒸腾，有云蒸霞蔚之状。泉水味道甘甜，清凉可口，并且含有多种矿物质，是天然的健康饮料。湖畔曾立一块自然石，上刻"热河泉"三个秀美的大字。另外，在热河泉北建有东船坞，是龙舟停泊登岸的地方。乾隆皇帝曾作《月荷》一诗描述东船坞当年的景色。诗曰：夕阳红绿一湖明，入夕花藏只叶晶；却是清香收不住，因风馥郁送舟轻。

万树园

　　位于平原区北部，北倚山麓，南临澄湖，占地约5.8万平方米，立有石碣，刻有乾隆御书"万树园"，为乾隆三十六景的第二景。园内不施土木，按蒙古民族的风俗习惯设置蒙古包数座。乾隆皇帝曾经在这里接见东归英雄蒙古族土尔扈特部首领渥巴锡、西藏活佛班禅六世，还在此地接见英国特使以及缅甸、越南、老挝等国使节并宴请听乐，有国宝级的绘画作品、乾隆皇帝的首席御用西洋画师郎世宁的《万树园赐宴图》传世。

万树园

《万树园赐宴图》

榛子峪

是山峦区最南端的一条山谷。谷中松、栎、橡树相间，苍翠艳丽。榛子峪与西峪交接处，更显得幽深纵横。榛子峪北坡有驯鹿坡。驯鹿坡水草丰茂，当年这里散养了许多驯鹿。坡的对面建有望鹿亭，皇帝在此赏鹿，看着鹿群追逐嬉戏，极富趣味。此外，榛子峪中还有松鹤清樾、风泉清听、绮望楼、锤峰落照等多处景点。

溥仁寺

避暑山庄"外八庙"之一，也是著名的藏传佛教寺院。始建于1713年，是外八庙中建成较早的，也是外八庙中现存唯一的康熙时期建造的寺庙。溥仁寺采取汉族寺庙样式，正殿名"慈云普荫"，内供迦叶、释迦牟尼、弥勒三世佛，两侧有十八罗汉。后殿名"宝象长新"，内供九尊无量寿佛。历史上，皇帝每到避暑山庄时，都要率领王公大臣及各民族首领到寺内烧香礼佛；每逢农历三月十八日康熙帝寿辰时，喇嘛们还要举行盛大的诵经法会，为康熙帝祝寿。

普宁寺

位于避暑山庄北部武烈河畔，由于寺内有一尊金漆木雕大佛，因此俗称大佛寺，是外八庙宗教活动的中心。乾隆二十年（1755年），清朝军队平定了准噶尔的叛乱。为了纪念这次胜利，清政府依照西藏三摩耶庙的形式，修建了这座喇嘛寺。普宁寺是一座典型的汉藏合璧式的寺庙。整座寺院雄伟壮观，按建筑风格分为前后两部分。前半部由山门、幢竿、钟鼓楼、碑亭、天王殿和大雄宝殿等组成，为传统的汉族寺庙建筑形式。后半部以"大乘之阁"为中心，四角有四座不同颜色的喇嘛塔。这些建筑布局灵巧，具有浓厚的喇嘛教色彩，是一组藏式风格寺庙建筑。大乘之阁内置千手千眼观音菩萨立像，高22.28米，用松、榆、

普宁寺

杉、椴等坚硬的防腐木材雕刻而成，重约110吨。这尊木雕高大雄伟，比例匀称，雕工精细，是世界上现存最大的木雕像。

慈禧与避暑山庄

1861年，慈禧在避暑山庄西暖阁策划政变，开始了长达48年的垂帘听政。离开了避暑山庄以后，她再也没有回过这里。据说，后来有大臣奏请修缮避暑山庄，慈禧只说了句："避暑山庄好多年不用了，行宫一切拨款，就停了吧。"可见，慈禧在执政年间只倾情于颐和园，使避暑山庄一度被冷落。但是，历史上却有一个慈禧忍痛拨出脂粉钱挽救避暑山庄的故事。

光绪二十六年，热河（今承德）普降大雨，武烈河水上涨，危及全城百姓的生命，避暑山庄也面临毁坏的危险。当时的热河知府姓曹，是位勤政爱民的好官。曹知府见城中低地大部分进水，有心沿武烈河边建造迎水坝，但地方上拿不出钱来。无奈，曹知府只好连夜赶往颐和园向慈禧告急，要求朝廷拨经费建造迎水坝。可是当时国库空虚，筹建海军的经费都让慈禧用来建造颐和园了，怎么办呢？最后，曹知府冒死说了一句："老佛爷，能不能把您的脂粉钱拨那么一点儿，来建造迎水坝呢？"慈禧一听很不高兴，但为了保住避暑山庄，也只好忍痛割爱，拨了点儿脂粉钱，在武烈河右岸建造了迎水坝，最终控制了局面。

曲阜孔庙、孔林、孔府

中文名称	曲阜孔庙、孔林、孔府
英文名称	Temple and Cemetery of Confucius and the Kong Family Mansion in Qufu
入世时间	1994.12
所属类别	文化遗产
遴选标准	C（i）（iv）（vi）
所在省区	山东省

世界遗产委员会评语：

孔子是公元前6世纪到公元前5世纪中国春秋时期伟大的哲学家、政治家和教育家。孔夫子的庙宇、墓地和府邸位于山东省的曲阜。孔庙是公元前478年为纪念孔夫子而兴建的，千百年来屡毁屡建，到今天已经发展成超过100座殿堂的建筑群。孔林里不仅容纳了孔夫子的坟墓，而且他的后裔中，有超过十万人也葬在这里。当初小小的孔宅如今已经扩建成一个庞大显赫的府邸，整个宅院包括了152座殿堂。曲阜的古建筑群之所以具有独特的艺术魅力和历史特色，应归功于2000多年来中国历代帝王对孔夫子的大力推崇。

　　曲阜地处山东中南部，东依起伏的丘陵，西濒平野大泽，南通江淮，北接华北平原，气候温润，土质肥沃。早在四五千年以前，先民们就已在这里生息繁衍。在曲阜境内发现的分布广泛、数量众多的大汶口文化和龙山文化遗址证明：曲阜是山东早期文明的发祥地之一。这里也是中国伟大的思想家、教育家、政治家孔子的故乡。

　　孔子于公元前479年逝世。第二年，鲁哀公下令祭祀孔子，起初是以宅为庙，"藏孔子衣冠琴车书"。公元前195年，汉高祖刘邦以太牢之礼祭祀孔子；汉桓帝永寿二年（156年），孔庙成为官设的庙堂。后世帝王不断营饰修缮，使庙制规模越来越大。尤其是明正德年间，为了加强对孔庙的保护，朝廷将距今址以东4千米处的曲阜县城移至孔庙所在地，以城卫庙，使整个曲阜县城成了孔庙的外围建筑。至清末民初，孔庙终于被营造成一个世界罕见的具有特殊文化意义的庞大建筑群。

　　孔林也叫至圣林，是孔子及其后裔的家族墓地，位于曲阜城北

孔庙大成殿

一千米处的泗河南岸，有神道与城门相连。孔子墓位于孔林中部，封土呈偃斧形，汉代设祠坛建神门，宋代刻制石仪，元代立碑、作周垣、建重门，明代重建享殿墓门，添建洙水桥坊和万古长春坊。汉代以来，孔子墓地一直受到国家保护，规模不断扩大，成为我国延续时间最长，保存最完整的家族墓地。

孔府是孔子嫡长孙的衙署，位于孔庙的东侧。历代王朝尊崇孔子的同时，泽及后代，对其嫡长孙屡加赐官晋爵。公元前195年，孔子的九代孙孔腾被封为奉祀君以奉祀孔子，以后代代沿袭。宋至和二年（1055年），孔子的四十六代孙被改封为衍圣公，一直延续到七十七代，成为中国历史上承袭最久的贵族世家。孔子嫡长孙一直住在孔府。明洪武十年（1377年）朝廷创建了独立的衍圣公府，弘治十六年（1503年）扩建。

孔子逝世虽然已经2000多年，但他的思想仍在中国乃至世界发挥着作用。孔庙、孔林、孔府是2000多年来尊孔崇儒的结果，有着极为丰富的历史内涵，是人类文化遗产的重要组成部分，日益受到世界的瞩目。

奇境珍藏

一、孔庙

孔庙共有九进院落，以南北为中轴，分左、中、右三路，纵长630米，横宽140米，有殿、堂、坛、阁460多间，门坊54座，"御碑亭"13座。中轴线上分别坐落着奎文阁、十三碑亭、杏坛、大成殿等建筑，两庑的历代碑刻也很有价值。

重点推荐：奎文阁、十三碑亭、大成殿、杏坛

奎文阁

　　原是收藏御赐书籍之所，建筑独特，藏书丰富，是孔庙主体建筑之一。奎文阁始建于宋天禧二年，原名藏书楼，金代明昌二年重修时改名"奎文阁"，明弘治十二年又重修。"奎"是星名，二十八星宿之一，传说为西方白虎之道，有星十六颗，"屈曲相钩，似文字之画"，《孝经》中记"奎主文章"，后人进而把奎星演化为文官之首。在孔庙建奎文阁，是把孔子比作天上的奎星之意。

十三碑亭

　　始建于唐代，均为木构，呈正方形，重檐八角，彩绘斗拱。亭内存有唐至民国的各类碑刻55方，多是祭庙、修庙的记录，充分表现了孔子在封建社会的崇高地位。碑亭中最早的是唐高宗所书的《大唐浩赠泰师先圣孔宣尼碑》及唐玄宗年间的《鲁孔夫子庙碑》，最大的一幢是康熙二十五年所立的《修建阙里孔庙碑》。

孔庙十三碑亭

大成殿

孔庙的主殿，殿高24.8米，宽24.85米，重檐九脊，黄瓦歇山顶，金龙和玺彩画，和故宫太和殿、岱庙天贶殿并称为东方三大殿。大成殿的石檐柱最有代表性，以整石刻成，前檐柱十根为高浮雕，直径0.8米；两山及后檐的18根檐柱均雕刻图案，造型优美，刀法刚劲有力，是中国罕见的石刻艺术珍品。正殿在唐代时为三间，宋、金、元、明、清历代均曾重建，今存建筑为雍正年间重修。殿内恭奉孔子及四配、十二塑像。

杏坛

杏坛相传是孔子讲学之所，在大成殿前的院落正中。《庄子·渔父篇》："孔子游乎缁帷之林，休坐乎杏坛之上，北子读书孔子弦歌鼓琴。"但是杏坛原址在哪里却无记载。宋天禧二年（1018年），孔子四十五代孙孔道辅监修孔庙，将正殿后移扩建，以正殿旧址"除地为坛，环植以杏，名曰杏坛"。金代始于坛上建亭，由当时著名文人党怀英篆书"杏坛"

孔庙杏坛

二字。杏坛四面悬山，雕梁画栋，彩绘精美华丽，坛前置有精雕石刻香炉，坛侧有几株杏树，初春之际，花开灿烂。

二、孔林

孔林占地约200万平方米，林门以长达1266米的神道与北城门相连。林内墓冢累累，碑碣如林，石仪成群，古木参天。孔林内有孔子以来历代子孙墓葬十余万座，除汉碑移入孔庙外，地面上还有宋、金、元、明、清、民国等时代墓碑和谒陵题记刻石等4000余块，保存着宋、明、清各代石人、石马、石羊、石狮、望柱、供桌和神道坊等石仪近1000件。为表彰儒家思想、满足祭祀需要，林内还建有门、坊、享殿、碑亭等60余座明清建筑。孔林丰富的地上文物，对于研究我国墓葬制度的沿革，研究我国古代政治、经济、文化、风俗、书法、艺术等都极具价值。

三、孔府

孔府占地16万平方米，有厅、堂、楼、轩等各式建筑463间，分为东、中、西三路。东路为家庙，西路为学院，中路为主体建筑。中路以内宅为界，前为官衙，设三堂六厅，其中的大堂是衍圣公的公堂，内有八宝暖阁、虎皮大圈椅、红漆公案，公案上有公府大印、令旗令箭、惊堂木、文房四宝等。两侧是仪仗，气势森严可畏。第七十六代衍圣公孔令贻的住宅和房内陈设保存完整。府内所藏历史文物十分丰富。其中最著名的是"商周十器"，亦称"十供"，原为宫廷所藏青铜礼器，于乾隆三十六年（1771年）御赐孔府。内宅后面是孔府花园，有各种奇花异草、古树名石，如"五柏抱槐"、"太湖石假山"等，为历代衍圣公及其家属游赏之所。

孔子生平简介

孔子（前551~前479年），名丘，字仲尼，鲁国陬邑（今山东曲阜东南）人，春秋末期思想家、政治家、教育家，儒学学派的创始人。

孔子三岁丧父，随母亲移居阙里，家境贫寒；15岁立志于学，相传曾问礼于老聃，学乐于苌弘，学琴于师襄。至30岁时，孔子已博学多才，开始收徒授业，开创私人办学之先河。孔子的思想核心是"仁"，"仁"即"爱人"。他主张"仁"和"礼"相互为用，统治者对人民应"道之以德，齐之以礼"，从而再现"礼乐征伐自天子出"的西周盛世，进而实现他一心向往的"大同"理想。

孔子曾当过鲁国的司空、大司寇，后来弃官离鲁，带领弟子周游列国，此间"干七十余君"，终无所遇。公元前484年，孔子回到鲁国，集中精力从事教育及文献整理工作。一生培养弟子3000余人，身通六艺（礼、乐、射、御、书、数）者72人。在教学实践中，孔子总结出一整套教育理论，其中包括因材施教、学思并重等教学原则；学而不厌、诲人不倦的教学精神，以及"不耻下问"的学习态度。孔子还先后删《诗》、《书》，订《礼》、《乐》，修《春秋》，对中国古代文献进行了全面整理。孔子老而喜《易》，曾达到"韦编三绝"的程度。孔子于公元前479年病逝。

孔子一生的主要言行，经其弟子和再传弟子整理编成《论语》一书，成为后世儒家学派的经典。

苏州古典园林

中文名称	苏州古典园林
英文名称	The Classical Gardens of Suzhou
入世时间	1997年（拙政园、留园、网师园和环秀山庄），2000年（沧浪亭、狮子林、艺圃、耦园、退思园）
所属类别	文化遗产
遴选标准	C（i）（ii）（iii）（iv）（v）
所在省区	江苏省

世界遗产委员会评语：

　　没有哪些园林比历史名城苏州的四大园林更能体现出中国古典园林设计的理想品质。咫尺之内再造乾坤，苏州园林被公认是实现这一设计思想的典范。这些建造于16~18世纪的园林，以其精雕细琢的设计，折射出中国文化中取法自然而又超越自然的深邃意境。

全景素描

　　苏州是中国著名的历史文化名城之一，素来以山水秀丽、园林典雅而闻名天下，有"人间天堂"的称誉。苏州园林建设兴起于周代，后来不断发展完善，到明清时期达到鼎盛的局面。至今，苏州仍保存着许多独树一帜的私家园林。

中国文化与自然遗产

拙政园浮翠阁

中国园林在其发展过程中，形成了包括皇家园林和私家园林在内的两大系列，前者集中在北京一带，后者则以苏州为代表。由于政治、经济、文化地位和自然、地理条件的差异，两者在规模、布局、体量、风格、色彩等方面有明显差别。皇家园林以宏大、严整、堂皇、浓丽称胜，而私家园林则以小巧、自由、精致、淡雅、写意见长。由于后者更注重文化和艺术的和谐统一，因而发展到晚期的皇家园林，在意境、创作思想、建筑技巧、人文内容上，也大量地汲取了私家花园的"写意"手法。

苏州地处江南，是著名的水乡，引水便利，附近盛产太湖石，适合堆砌玲珑精巧的假山，这些都为古典园林的建筑提供了便利的物质条件。此外，古时苏州文人荟萃，官僚地主及文人学士普遍追求"虽居闹市而有山林之趣"的环境，从而大大促进了苏州园林的发展。民间俗语称："江南园林甲天下，苏州园林甲江南。"

苏州古典园林的历史可上溯至公元前6世纪春秋时吴王的园囿，而私家园林的记载最早见于4世纪（东晋时代）的辟疆园，当时号称"吴中第一"。16～18世纪（明清时期），苏州成为中国最繁华的地区之一，私家园林也进入全盛时期。据《苏州府志》记载，苏州在明清时代最多时有园林200余处，而现在保存尚好的园林有数十处，大多是明清时代遗留下来的。

苏州园林这种建筑形态的形成，是在人口密集和缺乏自然风光的城市中，人类依恋自然、追求与自然和谐相处、美化和完善自身居住环境的一种创造。其建筑布局、结构、造型及风格，都巧妙地运用了对比、衬托、对景、层次配合和小中见大、以少胜多等种种造园艺术技巧和手法，将亭、台、楼、阁、泉、石、花、木组合在一起，在城市中创造出人与自然和谐的居住环境，将建筑美、自然美、人文美融为一体，在中国乃至世界园林艺术发展史上都具有不可替代的地位。

奇境珍藏

苏州名园主要包括：拙政园、留园、网师园、环秀山庄、沧浪亭、狮子林、艺圃、耦园、退思园、怡园、畅园等。

其中，拙政园、留园、网师园和环秀山庄这四座园林是第一批进入世界遗产目录的苏州园林。它们产生于苏州私家园林发展的鼎盛时期，堪称苏州古典园林的典型例证。它们巧妙地运用种种造园艺术技巧和手法，将亭台楼阁、泉石花木组合在一起，模拟自然风光，创造了"城市山林"、"居闹市而近自然"的理想空间。它们是明清时期江南民间建筑的代表作品，反映了这一时期中国江南地区高度的居住文明，曾影响到整个江南城市的建筑格调，带动民间建筑的设计、构思、布局、审美以及施工技术向其靠拢，体现了当时我国城市建设的科学技术水平和艺术成就。

重点推荐： 拙政园、留园、环秀山庄

拙政园

　　拙政园是苏州面积最大的古典山水园林，初为唐代诗人陆龟蒙的住宅，元朝时为大弘寺。明嘉靖年间，御史王献臣归隐苏州后将其买下，聘著名画家文徵明参与设计蓝图，历时16年建成。潘岳《闲居赋》中曾有"筑室种树，逍遥自得……灌园鬻蔬，以供朝夕之馈……此亦拙者之为政也"之句，"拙政园"之名即源于此。太平天国时期，拙政园成为忠王府花园。园中现有的建筑便是当时修建而成。拙政园以其山岛、竹坞、松岗、曲水之趣，被誉为"天下园林之母"。

　　拙政园分为东、中、西三个相对独立的小园。

　　中部是拙政园的主景区，是全园的精华所在。其总体布局以水池为中心，池水清澈广阔，遍植荷花。亭台楼榭皆临水而建，极富江南水乡的特色。此景区主要建筑有"远香堂"、"雪香云蔚亭"、"待霜亭"、"倚玉轩"、"小沧浪"、"微观楼"、"玉兰堂"、"枇杷

拙政园

园"等等。

西部景区以艺术工巧见长，凌波而过的水廊、溪涧是造园艺术中的上乘之作，主要建筑为靠近住宅一侧的三十六鸳鸯馆。此馆是当时园主人宴请宾客和听曲的场所，装饰华丽精美。西部景区主要建筑还有"与谁同坐轩"、"留听阁"、"宜两亭"、"倒影楼"等。

东部原称"归田园居"，早已荒芜，现存景致全部为新建，布局以平冈远山、松林草坪、竹坞曲水为主，配以山池亭榭，仍保持疏朗明快的风格。此景区主要建筑有"兰雪堂"、"芙蓉榭"、"天泉亭"、"缀云峰"等。

此外，拙政园的著名建筑还有"澄观楼"、"浮翠阁"、"玲珑馆"和"十八曼陀罗花馆"等。

留园

留园与北京颐和园、承德避暑山庄、苏州拙政园齐名，始建于明嘉靖年间。清乾隆末年被刘恕所得，扩建后改名寒碧山庄，时称"刘园"。光绪初年，官绅盛康买下此园，吸取苏州各园之长，重新扩建修葺，改名为留园。

留园共分中、东、西、北四个景区。中区以水景见长，是全园的精华所在。东区以曲院回廊的建筑取胜，其中有著名的还我读书处、冠云台、冠云楼等十数处斋、轩。西区则是全园最高处，以假山为

留园冠云峰

奇，土石相间，堆砌自然而有野趣。北区具农村风光，并有新辟的盆景园。留园的各个景区间由700多米长的曲廊连接，长廊两壁上嵌有历代名家书法石刻300多方，人称"留园法帖"。廊檐下有粉白花墙漏窗，图案精美。从花墙望去，山池亭台在花树中若隐若现，有如丹青画卷，别有情趣。

留园内的建筑景观还有"小桃源"、"远翠阁"、"曲溪楼"、"清风池馆"等。

环秀山庄

环秀山庄始建于唐代末年，原为唐代金谷园故址，宋代为景德寺，明时是宰相申时行的住宅。清代蒋辑在此建"求自楼"，收藏各种书籍；又在楼后堆砌假山，取名为"环秀山庄"；还在地下掘一井，井有清泉喷涌汇成一池，取名"飞雪泉"。这些构成了环秀山庄山、池、泉、石的雏形。其园林风格接近自然，富于变化。整体布局以假山为

环秀山庄

主，水池为辅，山水相依。前为厅堂、庭院，后为池水、假山。环秀山庄以假山堆叠奇巧著称，被誉为"苏州三绝"之一，又被誉为"独步征轲"。

欧阳修与《沧浪亭》

沧浪亭是苏州最古老的一座园林。园内有一泓清水贯穿，波光倒影，景象万千。沧浪亭原为五代时期吴国越王钱镠之子钱元亮的池馆。宋代著名诗人苏舜钦以四万贯钱买下废园，进行修筑，傍水造亭，因感于"沧浪之水清兮，可以濯吾缨；沧浪之水浊兮，可以濯吾足"，题名"沧浪亭"，自号沧浪翁，并作《沧浪亭记》。欧阳修应邀作《沧浪亭》长诗，诗中以"清风明月本无价，可惜只卖四万钱"题咏此事。自此，"沧浪亭"名声大振。

后人不甘寂寞，又在"沧浪亭"石柱上刻有一副对联：

清风明月本无价，

近水远山皆有情。

上联选自欧阳修的《沧浪亭》诗，下联出于苏舜钦《过苏州》诗中"绿杨白鹭俱自得，近水远山皆有情"句。就这样，沧浪亭在我国文化史上留下了一段千古佳话。

拉萨布达拉宫和大昭寺

中文名称	拉萨布达拉宫和大昭寺
英文名称	The Potala Palace and the Jokhang Temple Monastery, Lhasa
入世时间	1994.12（布达拉宫），2000.11（大昭寺），2001.12（罗布林卡）
所属类别	文化遗产
遴选标准	C（i）（iv）（vi）
所在省区	西藏自治区

世界遗产委员会评语：

　　布达拉宫和大昭寺坐落在拉萨河谷中心海拔3700米的红色山峰之上，是集行政、宗教、政治事务于一体的综合性建筑。它由白宫和红宫及其附属建筑组成。布达拉宫自公元七世纪起就成为达赖喇嘛的冬宫，象征着西藏佛教和历代行政统治的中心。优美而又独具匠心的建筑、华美绚丽的装饰、与天然美景间的和谐融洽，使布达拉宫在历史和宗教特色之外平添几分丰采。大昭寺是一组极具特色的佛教建筑群。建造于公元18世纪的罗布林卡是达赖喇嘛的夏宫，也是西藏艺术的杰作。这三处地点风景优美，建筑创意新颖，加之它们在历史和宗教上的重要性，构成了一幅和谐地融入了装饰艺术之美的惊人胜景。

　　布达拉宫耸立在西藏拉萨市西北的红山之上，始建于公元7世纪初。当初，吐蕃第三十二代赞普松赞干布迁都拉萨后，"筑王宫于红山顶居之"，后来逐步加以扩建，成为历代达赖喇嘛的"冬宫"和西藏地方政教合一政权的中心。

　　布达拉宫海拔3700多米，总建筑面积13万余平方米。主楼高117米，共13层，全部为石木结构。其中宫殿、灵塔殿、佛殿、经堂、僧舍、庭院等一应俱全。布达拉宫是当今世界上海拔最高、规模最大的宫殿式建筑群，是藏族古建筑艺术的精华，也是中华民族古建筑的精华之作。

　　布达拉宫分为两大部分：红宫和白宫。居中央的是红宫，红宫内安放着前世达赖遗体的灵塔；位于两旁的是白宫，是达赖喇嘛生活起居

布达拉宫

中国文化与自然遗产

和政治活动的主要场所。宫内珍藏大量佛像、壁画、藏经册印、古玩珠宝，具有很高的学术和艺术价值。

大昭寺位于西藏拉萨市中心，始建于647年，是松赞干布为纪念文成公主入藏而建，后经历代修缮增建，形成了庞大的建筑群。寺庙建筑面积达25100余平方米，有20多个殿堂，成为佛教徒向往的朝圣中心。

罗布林卡，藏语的意思是宝贝园，位于西藏拉萨市西郊，是一座具有浓厚西藏地方特色的园林。罗布林卡自1755年七世达赖修建，历时200余年，共建成十余处宫殿及其他建筑，并形成了今天占地为36万平方米的规模。历代达赖均于夏季在此处进行宗教活动和处理政务。

奇境珍藏

布达拉宫的宫殿布局、土木工程、金属冶炼、绘画、雕刻等闻名于世，体现了以藏族为主，包括汉、蒙、满各族能工巧匠高超技艺和藏族建筑艺术的伟大成就。大昭寺是西藏现存最辉煌的吐蕃时期的建筑，也是西藏现存最古老的土木结构建筑，开创了藏式平川式的寺庙布局模式。

重点推荐：布达拉宫、大昭寺、罗布林卡

一、布达拉宫

红宫

红宫位于整个建筑的中心和顶点，为历代达赖的灵塔殿和各类佛堂，也是须弥佛土和宇宙中心的象征。

灵塔殿共有八座，分别供奉着八位达赖喇嘛的灵塔。灵塔屋顶均以鎏金铜瓦覆盖，称金顶。金顶是汉藏建筑艺术的结合，四角鳌突，兽

吻飞檐，风铃悬空，十分别致。屋脊饰以镀神鸟和塔式宝瓶，一排排晃亮的经幢在蓝空中浮光跃金，有的经幢是用清朝皇帝所赐黄金建造的。在这些灵塔中，以五世达赖的灵塔最为壮观。该灵塔高14.85米，分塔座、塔瓶和塔顶三部分，灵塔内葬有五世达赖的肉身。灵塔共用纯金3724千克包裹，所镶各种珍贵的金刚钻石、红绿宝石、翠玉、珍珠、玛瑙等奇珍异宝1.5万多颗。殿内悬挂着丝绸的幢幡、华盖，地面遍铺华贵的毛织毯，塔前供奉着金灯、金水碗、明清瓷器、各式法器等供器。

西大殿是红宫是最大的宫殿，建筑面积680平方米，一些重大的佛事活动均在此举行。殿内有48根方形木柱，上有精美的雕刻。殿内斗拱、梁枋绘有彩画和木雕镂空佛像、木雕木象、神马、神狮等图花纹，色彩鲜艳，雕技精湛。殿内悬挂着乾隆二十五年（1760年）乾隆皇帝御赐的"涌莲初地"匾额。

法王禅定宫是布达拉宫的最高点，建于7世纪中叶，是松赞干布静坐修法之处，为布达拉宫早期建筑之一。现在，佛堂内供有松赞干布、文成公主、尼泊尔赤尊公主、大臣禄东赞塑像，均为7世纪时期的泥

红宫正面

塑，形象逼真，表情自然。佛堂后的小白塔坐落在红山山尖之上，又恰好是布达拉宫的中心，真是匠心独运。

白宫

　　白宫主体为达赖的寝宫和处理朝政的地方。白宫顶部是东、西日光殿。西日光殿是十三世达赖喇嘛的寝宫，东日光殿是十四世达赖喇嘛的寝宫。日光殿下面即为白宫的东大殿"措钦厦"，与红宫的西大殿遥遥相对。面积717平方米，是白宫最大的殿堂，内有34根柱。北侧设达赖喇嘛宝座，上方高悬清同治皇帝御书"振锡绥疆"匾额。殿内四壁满绘宗教故事和历史人物的壁画。1653年，顺治皇帝册封五世达赖喇嘛，以后的历世达赖喇嘛坐床和亲政典礼，都由驻藏大臣在东大殿主持进行。白宫正门外1500余平方米的大平台为德央厦，是举行盛大宗教跳神活动的场所。

白宫

大昭寺

二、大昭寺

    大昭寺藏语为"觉康"，意即释迦牟尼佛寺。主殿高四层，上覆金顶辉煌壮观，具有唐代建筑风格，亦有尼泊尔和印度的建筑艺术特色。大殿正中主供文成公主从长安带去的释迦牟尼12岁时镀金铜像，二层经堂供松赞干布和文成公主塑像。寺内还有唐蕃会盟碑等珍贵文物。其走廊和宫殿布满了壁画，其中的《文成公主进藏图》、《大昭寺修建图》，不仅是艺术珍品，而且是珍贵的文史资料。寺内的公主柳据传为文成公主手植，现已有1300多岁了，藏胞视为神物，予以精心保护。

三、罗布林卡

    罗布林卡一带原为灌木林，是拉萨河故道经过的地方。这里河道迂回，水流平缓，夏日汀草岸柳倒映其中，风景十分秀丽。18世纪中

罗布林卡

叶，七世达赖喇嘛时期开始兴建罗布林卡，整个园林占地46万平方米，俗称拉萨的颐和园，以前一直是达赖喇嘛的夏宫，现在则成为对公众开放的公园。罗布林卡新宫的建筑、壁画和装饰，是西藏各大寺庙、宫殿的精华。

罗布林卡最著名的建筑是格桑颇章。"颇章"即"宫"的意思，七世达赖格桑加措用自己的名字加以命名。自从格桑颇章建成后，每世达赖在（18岁）执政以前，便在这宫殿内由经师教习藏文、佛经和接见摩顶等。达赖执政以后，就在这里诵经、习史、批阅文件、任命官员和商议政事，等等。

松赞干布与文成公主

　　松赞干布是藏族吐蕃王国的创建者,在西藏是家喻户晓的英雄。他雄才大略,定都逻些(今拉萨),修建举世闻名的布达拉宫作为政治中心,开辟了藏族历史的新纪元。在位期间,他注重发展农牧业生产,引进先进的封建文化,促进了吐蕃社会经济文化的发展。由于他对藏族做出了巨大贡献,因此被后人尊称为"松赞干布",意为深沉、宽厚、杰出、能干的男子。

　　贞观十四年(640年),在松赞干布的请求下,唐太宗将文成公主嫁与松赞干布为妻,与之和亲。文成公主入藏时,带来了车舆、马、骡、骆驼以及有关的生产技术和医学著作,促进了吐蕃的社会进步。同时,文成公主还是一位虔诚的佛教徒。当时唐朝佛教盛行,而藏地无佛。于是她携带了佛塔、经书和佛像入蕃,决意建寺弘佛。她让山羊背土填卧塘,建成了"大昭寺"。大昭寺建成后,文成公主与松赞干布亲自到庙门外栽插柳树,即后世著名的"唐柳"。后来,文

成公主又修建了小昭寺。从此，佛教慢慢开始在西藏流传。由于松赞干布和文成公主对藏族的经济文化发展和汉藏两族友好团结做出了巨大的贡献，因此至今仍受到中华民族各族人民的尊敬与爱戴。

阅读分享

趣味测评

图文资讯

拓展视频

微信扫码

文明遗址、陵墓

秦始皇陵及兵马俑

中文名称	秦始皇陵及兵马俑
英文名称	Mausoleum of the First Qin Emperor
入世时间	1987.12
所属类别	文化遗产
遴选标准	C（i）（iii）（iv）（vi）
所在省区	陕西省

世界遗产委员会评语：

毫无疑问，如果不是1974年被发现，这座考古遗址上的成千件陶俑将依旧沉睡于地下。秦始皇，这个第一个统一中国的皇帝，殁于公元前210年，葬于陵墓的中心。他陵墓的周围环绕着那些著名的陶俑。结构复杂的秦始皇陵是仿照其生前的都城——咸阳的格局而设计建造的。那些略小于人形的陶俑形态各异，连同他们的战马、战车和武器，成为现实主义的完美杰作，同时也保留了极高的历史价值。

全景素描

秦始皇陵位于陕西省西安市以东30千米处的骊山北麓，是2000多年前的秦始皇的陵园，也是中国第一座皇家陵园。秦始皇嬴政是中国历史上一位杰出的政治家，公元前259年出生于赵都邯郸，公元前246年立为秦王，当时年仅13岁，22岁时加冕亲政。从公元前236年至公元前221年的15年间，秦始皇先后灭掉了韩、赵、魏、楚、燕、齐六个诸侯国，结束了群雄割据的历史，建立了中国历史上第一个统一的中央集权制的封建王朝——秦王朝。后人有诗云："秦皇扫六合，虎势何雄哉；挥剑决浮云，诸侯尽西来。"

秦始皇这位叱咤风云的旷世君主，不仅生前扫灭六国，一统天下，修筑了万里长城，死后还留有这座神秘莫测的陵园。

除万里长城外，秦始皇陵集中代表了秦代文明的最高成就。但是，秦始皇建都于咸阳，为什么陵园却要选在远离咸阳的骊山之阿？最早解释这个问题的人是北魏时期《水经注》的作者郦道元。他说："秦始皇大兴厚葬，营建冢圹于骊戎之山，一名蓝田，其阴多金，其阳多美玉，始皇贪其美名，因而葬焉。"（《水经·渭水注》）后世有人认为，秦始皇陵造在骊山之阿，与春秋兴起的"依山环水"的传统造陵观念有关。它背靠骊山、面向渭水。整个骊山唯有临潼县东至马额这一段山脉海拔较高，山势起伏，层峦叠嶂。从渭河北岸远远眺去，这段山脉左右对称，似一巨大的屏风立于始皇陵后；站在陵顶南望，这段山脉又呈弧形，陵墓位于骊山峰峦环抱之中，与整个骊山浑然一体，自然环境十分优美。

秦始皇陵整座陵区总面积为56.25平方千米，遵循秦始皇死后照样享受荣华富贵的原则，仿照秦国都城咸阳的布局建造陵区大体呈回字形，陵墓周围筑有内外两重城垣，陵园内城垣周长3870米，外城垣周长6210米，陵区内目前探明的大型地面建筑为寝殿、便殿、园寺吏舍等遗址。

秦始皇帝陵在中国近百座帝王陵墓中，以其规模宏大、埋藏丰富著称于世。它是我国劳动人民勤奋和聪明才智的结晶，也是一座历史文化宝库。

奇境珍藏

　　秦始皇陵分陵园区和从葬区两部分。据历史记载，陵园初高120米，"高大若山"，后经风化侵蚀及人为破坏，现高度仅为87米。

　　重点推荐： 秦始皇陵墓、兵马俑坑

秦始皇陵墓

　　秦始皇陵的墓地占地面积为22万平方米，内有大规模的宫殿楼阁建筑。陵寝按形制分为内外两城。据《史记·秦始皇本纪》记载，陵墓一直挖到地下的泉水处，用铜加固基座，上面放着棺材，墓室里面放满了奇珍异宝。墓室内的要道机关装着带有利箭的弓弩，盗墓的人一靠近就会被射死。墓室里还注满水银，象征江河湖海；墓顶镶着夜明珠，象

秦始皇陵封土

征日月星辰；墓里用鱼油燃灯，以求长明不灭……

秦始皇陵地下宫殿是陵墓建筑的核心部分，位于封土堆之下，面积约18万平方米，中心点的深度约30米，是安放秦始皇棺椁的地方。陵墓四周有陪葬坑和墓葬400多个，范围广及56.25平方千米。主要陪葬坑有铜车、马坑、珍禽异兽坑、马厩坑以及兵马俑坑等，历年来从中出土了大量重要历史文物。

兵马俑坑

兵马俑坑是秦始皇陵的陪葬坑，位于陵园东侧1500米处，1974年春被当地打井的农民发现，由此埋葬在地下2000多年的宝藏得以面世，被誉为"世界第八大奇迹"、"二十世纪考古史上的伟大发现之一"。兵马俑坑为研究秦朝时期的军事、政治、经济、文化、科学技术等，提供了十分珍贵的实物资料，成为世界人类文化的宝贵财富。兵马俑坑现已发掘三座，俑坑坐西向东，呈"品"字形排列，坑内有陶俑、陶马8000多件，还有四万多件青铜兵器。

坑内的陶塑艺术作品是仿制的秦宿卫军。近万个或手执弓、箭、弩，或手持青铜戈、矛、戟，或负弩前驱，或御车策马的陶质卫士，分别组成了步、弩、车、骑四个兵种。地下坑道中的所有卫士都是面向东方放置的。其中一号坑为"右军"，埋葬着和真人真马同大的陶俑、陶马约6000件；二号坑为"左军"，有陶俑、陶马1300余件，战车89辆，是一个由步兵、骑兵、战车等三个兵种混合编组的曲阵，也是秦俑坑的精华所在；三号坑有武士俑68个，战车一辆，陶马四匹，是统帅地下大军的指挥部。这个军阵是秦国军队编组的缩影。

1980年在陵园西侧发掘出土的一组两乘大型的彩绘铜车马——高

壮观的兵马俑阵

车和安车，是迄今中国发现的体形最大，装饰最华丽，结构和系驾最逼真、最完整的古代铜车马，被誉为"青铜之冠"。

秦始皇陵的建造过程

秦始皇陵工程浩大，选点设计、施工营造到最后才被迫中止，前后长达38年之久。其建造过程可以分为三个施工阶段：

初期阶段：公元前246年秦王即位至公元前221年秦统一全国，历时26年。这一阶段先后展开了陵园工程的设计和主体工程的施工，初步奠定了陵园工程的规模和基本格局。

中期阶段：从秦统一全国到秦始皇三十五年，历时九年。这一阶段为陵园工程的大规模修建时期。经过数十万人的日夜劳作，基本完成了陵园的主体工程。

最后阶段：自秦始皇三十五年到二世二年冬，历时三年。这一阶段主要从事陵园的收尾工程与覆土任务。

需要说明的是，陵墓工程历时虽久，但并未最后竣工。在陵墓修建过程中，陈胜、吴广起义爆发。起义军将领周文率兵打到了距陵园不远的戏水附近（今临潼县新丰镇附近），造成了威逼咸阳之势。秦二世惊慌失措，召来群臣商讨对策。这时少府令章邯建议将在骊山修陵的民工召集起来，组成军队，抗击起义军。二世依计行事。至此，尚未完全竣工的陵园工程被迫中止。

明清皇家陵寝

中文名称	明清皇陵——明显陵、清东陵、清西陵、明十三陵、明孝陵、盛京三陵（永陵、昭陵、福陵）
英文名称	Mausoleum of the Ming and Qing Emperor
入世时间	2000.11～2004.7.1
所属类别	文化遗产
遴选标准	C（i）（ii）（iii）（iv）（vi）
所在省区	湖北省（明显陵）、河北省（清东陵、清西陵）、北京市（明十三陵）、江苏省（明孝陵）、辽宁省（盛京三陵）

世界遗产委员会评语：

　　明清皇家陵寝依照风水理论，精心选址，将数量众多的建筑物巧妙地安置于地下。它是人类改变自然的产物，体现了传统的建筑和装饰思想，阐释了封建中国持续500余年的世界观与权力观。

全景素描

　　进入《世界遗产名录》的明清皇家陵寝主要包括明显陵、清东陵、清西陵、明十三陵、明孝陵以及盛京三陵（永陵、昭陵、福陵）。其中明显陵位于湖北省钟祥市北，清东陵位于河北遵化西南，清西陵位于河北易县城西，明十三陵位于北京市昌平区天寿山麓，明孝陵位于南京紫金山麓，盛京三陵均位于沈阳市郊。

明清时代，这些宏伟的陵墓群建筑于风光秀丽的自然环境中。明清帝王精心选择一些风水宝地，进行了细致的规划和营建。它们是人类的聪明才智和自然环境完美结合的典范，体现了我国封建社会最高的丧葬制度、深厚的传统文化与高超的建筑艺术，是人类伟大创造力的精华杰作。此外，明清皇家陵寝还体现了中国封建社会推崇的信仰、世界观、生死观和风水理念，是研究中国古代文化思想的宝贵资源。

奇境珍藏

明清时期是中国封建时代陵寝建设史上的一个辉煌时期。明代陵园将地上的封土堆由原来的覆斗式方形改为圆形或长圆形，并取消了寝宫，扩大了祭殿建筑。清朝沿袭此例，但是更加注重陵园与周围山川形胜的结合和按所葬人辈分排序，因此形成了帝后妃陵寝的配套序列。明清皇家陵寝囊括了明代13位皇帝的陵寝及清朝大部分皇帝、后妃、皇子、公主的陵墓。

重点推荐：明显陵、清东陵、清西陵、明十三陵、明孝陵、盛京三陵

明显陵

明显陵位于湖北省钟祥市北7.5千米的纯德山，是明恭睿献皇帝朱祐杬的陵墓。朱祐杬是明宪宗的第四个儿子，成化年间册封兴王，食邑湖广安陆州（今钟祥市），正德十四年（1519年）卒，谥号献，称兴献王，同年葬于此，称献陵。正德十六年，朱祐杬之子朱厚熜继承皇位，

显陵

是为嘉靖帝。嘉靖三年（1524年），嘉靖帝追尊其父为恭睿献皇帝，改献陵为显陵。

明显陵的建筑格局，从整体看，宛如一个巨大的"宝瓶"，分内外围城。外围城高6米，宽1.8米，长3500余米，红墙黄瓦，随山势起伏，雄伟壮观。外围城南端为两重陵门，称新、旧红门。红门内建有如游龙的神道连接陵寝，神道两侧建有龙凤门、石雕人物、石兽、华表、御碑亭及龙行神道，九曲河蜿蜒其间，其上架有五道汉字白玉石拱桥。内围城建有棱恩门、棱恩大殿、明楼、莹城、瑶台等，建筑宏大，雄伟壮观。明显陵总的特点是布局巧夺天工，工艺浮雕精美绝伦。

清东陵

清东陵是清王朝皇室的陵墓群，位于河北遵化西南。陵区共有帝陵五座——孝陵（顺治）、景陵（康熙）、裕陵（乾隆）、定陵（咸丰）、惠陵（同治）；后陵五座，妃园寝五座，公主陵一座。清东陵埋葬着5位皇帝、15位皇后，136位妃嫔，3位皇子，2位公主，共161人。陵区共有单体建筑580座，神道总长14500米，陵园面积

清东陵

为78平方千米。

清东陵的标志性建筑是石牌坊。石牌坊采用木结构建筑形式，完全用石料构筑而成。石牌坊面阔31.35米、高12.48米，由五间六柱十一楼组成，其脊吻、跑兽、瓦垄、椽飞、斗拱完全用石料雕制而成，结构科学、巧妙。折柱、花板上雕刻着旋子彩画。夹杆石的顶部圆雕卧麒麟和卧狮。看面上分别雕刻云龙戏珠、夔龙献花、双狮戏球等图案，神采飞扬，形象生动。整座石牌坊挺拔高耸，华美壮观，堪为不可多得的艺术杰作。

清西陵

清西陵位于河北省易县永宁山下，是清王朝皇室的陵墓群之一，有帝陵四座——泰陵（雍正）、昌陵（嘉庆）、慕陵（道光）、崇陵（光绪）；后陵三座，妃园寝三座，王公、公主园寝四座。陵区共14座陵寝，葬76人。

西陵倚靠的永宁山，主峰突起，饶有插天之势。大红门外的东西华盖山，有烟云在山腰缭绕，恰似陵区两扇大门分列左右。还有元宝山、蜘蛛山等，都是天造地设、自然成趣的天然景观。加上陵区四周的"荆关紫气"、"拒马奔涛"、"云蒙叠翠"、"奇峰夕照"、"峨眉晚钟"、"福山捧日"、"华盖烟岚"、"易水寒流"八景环绕，衬托出了"万年龙虎抱，每夜鬼神朝"的上吉之壤。所以，雍正皇帝才离开父祖，独辟蹊径，在易州境内首辟西陵，以图大清江山永固。西陵内建筑达5万多平方米，共有殿宇千余间，石建筑和石雕百余座，大部分都保存完好。

明十三陵

明十三陵位于北京市昌平区天寿山麓，东、西、北三面环山，陵区面积约120平方千米。这里有帝陵13座，分别是长陵（明成祖朱棣）、献陵（仁宗）、

明十三陵石牌坊

景陵（宣宗）、裕陵（英宗）、茂陵（宪宗）、泰陵（孝宗）、康陵（武宗）、永陵（世宗）、昭陵（穆宗）、定陵（神宗）、庆陵（光宗）、德陵（熹宗）、思陵（崇祯）。此外，陵区内还建有明代妃坟七座、太监墓一座，并曾建有行宫、苑囿等附属建筑。

整个陵区周围原来建有围墙，设有大小宫门两座和十个关口；各关口都设置敌楼。13个皇帝的陵寝，其建筑风格、整体布局基本相同，均为前方后圆，只有面积大小、装饰繁简略有差异。13个陵寝中，建筑最为雄伟的是长陵，结构最为精美的是永陵，规模最小的是思陵。陵区南北长达7千米的中轴线上，建有宏阔壮观的神道与各陵相通。

明孝陵

明孝陵是明朝开国皇帝明太祖朱元璋与马皇后的陵墓，坐落在南京紫金山南麓独龙阜玩珠峰下，东毗中山陵，南临梅花山，是南京地区建筑规模最大的帝王陵寝，陵垣周长达22.5千米。墓东是太子朱标墓，西侧是嫔妃墓。洪武十五年（1382年），明太祖葬马皇后于孝陵。整个陵区布局的完成历时30年。

明孝陵处在山清水秀的自然环境中，周围地势跌宕起伏，山环水绕，给置身于其间的陵寝建筑营造了拱卫、环抱、朝揖之势，人文景观与自然景观高度和谐，浑然天成。虽然明孝陵的木构建筑已毁

明孝陵神路

于历次战火，但仍然保持了空间布局的完整性，主要建筑遗存有下马坊、大金门、碑亭、神道、碑殿、享殿、方城、明楼、宝城、宝顶等。高大的神功圣德碑、精美的神道石刻、金灿灿的黄色琉璃瓦，处处透露皇家的气度与风范。

盛京三陵

盛京三陵又称关外三陵，指清朝皇家的永陵、昭陵、福陵，均

清昭陵

清太宗皇太极

位于沈阳（沈阳在清代称"盛京"）。

永陵是大清皇帝爱新觉罗氏族的祖陵，陵内葬着努尔哈赤的六世祖猛哥帖木儿、曾祖福满、祖父觉昌安、父亲塔克世及伯父礼敦、叔父塔察篇古以及他们的福晋。

昭陵位于沈阳市皇姑区，又名北陵，是清太宗皇太极与孝端文皇后博尔济吉特氏的陵墓，是关外三陵中规模最大的一座，占地面积18万平方米。

福陵位于沈阳市东郊，一般称为东陵，是清太祖努尔哈赤及其皇后叶赫那拉氏的陵寝，建于后金天聪三年（1629年），竣工于清顺治八年（1651年），经康熙、乾隆两帝增建，方具今日规模。

古城区、古村落

丽江古城

中文名称	丽江古城
英文名称	The Old Town of Lijiang
入世时间	1997.12
所属类别	文化遗产
遴选标准	C（ii）（iv）
所在省区	云南省

世界遗产委员会评语：

  古城丽江把经济和战略重地与崎岖的地势巧妙地融合在一起，真实、完美地保存和再现了古朴的风貌。古城的建筑历经无数朝代的洗礼，饱经沧桑，因融汇了各个民族的文化特色而声名远扬。丽江还拥有古老的供水系统，纵横交错、精巧独特，至今仍在有效地发挥着作用。

全景素描

  丽江古城位于云南省的丽江纳西族自治县，地处云贵高原地区，海拔2400余米，始建于宋末元初（13世纪后期），自古就是远近闻名的集市，也是"茶马古道"上的政治、军事和文化重镇。

  丽江古城是由大研古城、白沙古镇、束河古镇这三个相对独立的城建单元共同组成的统一体，主要部分是大研古城。大研古城坐落于玉龙雪山脚下的金沙江畔，东南是数十里良田阔野，其整体形状犹如一块碧玉大砚，所以取名大研古城（砚与研同音）。大研古城地处滇、川、藏交通要道，古时候此处频繁的商旅活动促使当地人丁兴旺，很快成为远近闻名的集市和重镇。

从元初至清初的近500年里，丽江地区皆为中央王朝管辖下的木氏土司世袭统治。据说，木氏土司家族比较忌讳修筑城墙，因为这样犹如给木字加框，变成了"困"字，很不吉利。所以，丽江古城就成为我国历史文化名城中唯一没有城墙的古城。

玉龙雪山下的丽江古城

明朝地理学家徐霞客在《滇游日记》中用"民房群落，瓦屋栉比"来描述当时丽江城的盛况。丽江古城在明朝末期居民已达千余户，城镇营建已颇具规模。如今，丽江古城内的街道一般是依山傍水修建，以红色角砾岩铺就，石上花纹图案自然雅致，与城市环境相得益彰。城内还保存着大片明清时的民宅，均是土木结构瓦屋面楼房，多为三坊一照壁的格局。庭院种植花木，摆设盆景。城内水渠密布，跨水临渠的建筑十分普遍。丽江古城的建筑布局灵活，注重装饰，精雕细刻，融合了纳西、白、藏、汉各民族建筑艺术的精华。

据历史记载，丽江古城这片曾被遗忘的"古纳西王国"，在远古时期已有人类生息繁衍。在千百年的悠长岁月里，他们辛勤劳作，建设起自己美好的家园。今日的主人纳西民族则是古代南迁羌人的后裔，至今仍占古城总人口的绝大多数。古城内还有相当比例的居民仍在从事以铜银器制作、皮毛皮革、纺织、酿造业为主的传统手工业和商业活动。

奇境珍藏

丽江古城历史悠久，古朴自然，兼有水乡之容、山城之貌。它作为有悠久历史的少数民族城市，从城市总体布局到工程、建筑融汉、白、彝、藏各民族精华，颇具纳西族独特风格。

重点推荐： 大研古城、白沙古镇、束河古镇、丽江壁画、纳西古乐、东巴文

大研古城

大研古城依山傍水，古朴如画，其街道、住宅、桥梁、水流浑然

一体，处处透出自然与和谐。

四方街位于古城中心，是历代的集市中心，也是丽江古街的代表，据说是明代木氏土司按其印玺形状而建。从四方街四角延伸出四大主街，四通八达，周围小巷通幽，如蛛网交错，往来畅便。街道全用五彩石铺砌，平坦洁净，晴不扬尘，雨不积水。几乎每条街道一侧都伴有潺潺流水。水边杨柳垂丝，柳下小桥座座，形成"家家流水，户户垂杨"的独特风貌，颇有"东方威尼斯"的韵味。在古城区内的玉河水系上，修建有桥梁354座。桥梁的形制多种多样，较著名的有锁翠桥、大石桥、马鞍桥、仁寿桥等，均建于明清时期。城内早年依地下涌泉修建的白马龙潭和多处井泉至今尚存。人们创造出"一潭一井三塘水"的用

古香古色的老街

水方法，即头塘饮水、二塘洗菜、三塘洗衣，既科学又卫生。居民还以水洗街，只要放闸堵河，水溢石板路面顺势下泄，便可涤尽污秽，保持街市清洁。

大研古城内的屋宇因地势和流水而错落起伏，一般由木石与泥土构筑而成，既美观适用，又风格独特。"三坊一照壁"是当地常见的民宅格局，即主房、厢房与壁围成的三合院。房屋多在两面山墙伸出的檐下，装饰一块鱼形或叶状木片，名曰"悬鱼"，以表达"吉庆有余"的愿望。许多庭院的门楼雕饰精巧，院内采用鹅卵石、五花石等为原料铺装，图案根据庭院大小或房主喜好而定，内容涉及花鸟鱼虫、八卦阴阳、民间传说、神话故事等，手法古朴，布局严谨。

白沙古镇

白沙古镇位于丽江古城以北8千米处，是一座古老而美丽的小镇，是纳西族在丽江坝的最初聚居地，也是丽江木氏土司的发祥地，为纳西族最早的政治中心。白沙民居建筑群分布在一条南北走向的主轴上，中心为一梯形广场，一股泉水由北面引入广场，四条巷道从广场通向四方，极具特色。白沙民居建筑群的形成和发展为后来丽江古城的布局奠定了基础。

束河古镇

束河古镇位于丽江古城西北4千米处，素有"清泉之乡"的美誉。束河古镇的民居房舍错落有致，布局形制与丽江古城四方街相似。青龙河自建筑群的中央穿过，横跨其上的是建于明代的青龙桥。青龙桥也是

束河古镇的四方广场

丽江境内最大的石拱桥。束河街头还有一潭水，那就是著名的"九鼎龙潭"。潭周绿柳垂地，泉水清澈。潭中溢出的流水蜿蜒于村中道旁，远近汩汩有声。束河以发达的皮革加工、竹编等手工业闻名于世。束河生产的各种皮货远销西藏、西昌、青海等地，甚至出口到印度、尼泊尔等国，故有"束河皮匠，一根锥子走天下"之说。

如今，作为大研古城周边民居建筑的束河民居，成了"世界文化遗产"中的一部分，吸引着来自世界各地的众多游客。

丽江壁画

明朝时期，丽江木氏土司处于鼎盛时期，于是大建宫室，建成了一批颇具规模的建筑群。现存的白沙琉璃殿、大宝积宫和大定阁等庙宇

白沙壁画

均为该时期所建。为了装饰庙宇及宗教用途，土司组织汉、藏、白等民族画家在庙宇内绘制各种壁画，共历时300多年才陆续完成。丽江壁画主要分布在古城及周围15座寺庙内，以遗存于丽江白沙村大宝积宫的壁画最为杰出。大宝积宫现存壁画558幅，是丽江壁画收藏最多的地方。琉璃殿所保存的壁画也是丽江壁画的精华之作。这些壁画把多种宗教及各教派内容融合并存，反映了纳西族宗教文化的特点。如大宝积宫的大型壁画《无量寿如来会》，就是把汉传佛教、藏传佛教和道教的百尊神佛像绘在一起而成。

丽江壁画布局周密，色彩富丽，造型准确，人物形象逼真，明显吸取了东巴画风格粗犷、笔法洗练等特点，具有很高的艺术价值。壁画中描绘了山林田野、花鸟草虫、飞腾的骏马、盛开的荷花等自然景观，涉及的题材十分广泛，展示了画家卓越的艺术才能。壁画中描绘的宗教人物，以宗教为折光，或隐或现地表现了当时的社会生活。

纳西古乐

纳西族人大都能歌善舞。在古城多彩的节庆活动中，除了通宵达旦的民族歌舞和乡土戏曲，业余演奏的"纳西古乐"最为著名。其中，《白沙细乐》为集歌、舞、乐为一体的大型古典音乐套曲，被誉为"活的音乐化石"；另一部《洞经音乐》则源自古老的道教音乐，保留着许多早已失传的中原辞曲音韵。

东巴文

丽江一带迄今流传着一种图画象形文字"东巴文"。这种纳西族先民用来记录东巴教经文的独特文字，是世界上现存的唯一图画象形文。如今分别收藏在中国以及欧美一些国家图书馆、博物馆中的20000多卷东巴经古籍，记录着纳西族千百年辉煌的历史文化。被誉为古代纳西族"百科全书"的《东巴经》，对研究纳西族的历史、文化具有重要价值。

史海钩沉

丽江古城历史

680年，丽江被吐蕃征服，开始吸收藏族文化。794年，丽江被南诏征服，与中原的汉文化有了接触。1253年，丽江正式归入蒙古帝国的统治，纳西木氏土司获准自治权，开始了长达470年的自治，有系统记载的纳西历史开始了。1382年，丽江府成立，官府位于今天的丽江古城。1616年，在白沙的大宝积官，融合了藏、汉、纳西艺术技巧和题材的白沙壁画完成。1723年，雍正用中原官吏取代木氏土司行使丽江的管辖权，使丽江在价值观、生活方式上发生了巨大变化，逐步受到汉族的影响。

阅读分享　趣味测评　图文资讯　拓展视频

微信扫码

石窟、石刻

莫高窟

遗产名片

中文名称	莫高窟
英文名称	Mogao Caves
入世时间	1987.12
所属类别	文化遗产
遴选标准	C（i）（ii）（iii）（iv）（v）（vi）
所在省区	甘肃省

世界遗产委员会评语：

莫高窟地处丝绸之路的一个战略要点。它不仅是东西方贸易的中转站，同时也是宗教、文化和知识的交汇处。莫高窟的492个小石窟和洞穴庙宇，以其雕像和壁画闻名于世，展示了延续千年的佛教艺术。

全景素描

敦煌莫高窟位于甘肃省敦煌市东南的鸣沙山东麓的崖壁上，地处温带干旱气候区域内，夏季炎热、冬季寒冷，年降水量不足100毫米，植被稀少，周围是一片连绵起伏的茫茫荒漠，分布着温带荒漠植被。

莫高窟俗称千佛洞，始建于前秦建元二年（东晋太和元年，即366年），历经十六国、北魏、西魏、北周、隋、唐等十个朝代，至元代基本成型，连续营造达千年之久，是世界上现存规模最宏大、保存最完整的佛教艺术宝库。

　　据传说，336年，一个名叫乐樽的和尚来到了鸣沙山。当时已是傍晚，他忽然看到眼前的鸣沙山金光闪烁，像有无数的佛像在山间跃动。天地间没有一点儿声息，只有光的流溢，色的笼罩。乐樽和尚为眼前这庄严肃穆的景象震惊万分，既而有所顿悟。他庄重地跪下，朗声发愿：从今要广为化缘，在此筑窟造佛像，使此地成为佛教圣地。不久，他的第一个石窟就开工了。他在化缘中广为传播自己的奇遇，使远近的善男信女也纷纷来朝拜胜景，凭借自己的信仰和祝祷，挖出了一个个的洞窟，天长日久，就形成了今天的敦煌莫高窟。

　　莫高窟上下共五层，南北长约1.6千米，高低错落，鳞次栉比，现存洞窟492个，壁画45000平方米，彩塑2400余身，飞天4000余身，唐宋

鸣沙山与月牙泉

木结构建筑五座，莲花柱石和铺地花砖数千块。此外，当年还在藏经洞发现五万多件手写本文献及各种文物，其中有上千件绢画、版画、刺绣和大量书法作品，大部分现已经流失国外。

莫高窟的艺术融建筑、彩塑、壁画为一体，堪称一座博大精深的综合艺术殿堂，被誉为"东方艺术明珠"。

奇境珍藏

莫高窟的石窟大小不一，均用阿拉伯数字进行编号。较小的37窟，刚能把头伸进去；较大的16窟，面积为268平方米；较高的96窟，从山脚到山顶高达50米。这些大大小小的石窟由长长的栈道相互连接，成为一个宏大的整体。洞窟四壁布满与佛教有关的壁画和彩塑，肃穆端庄的佛影，飘舞灵动的飞天，显得庄严而神秘。这些壁画和彩塑技艺造诣极深，想象力丰富，是世界上最长、规模最大、内容最为丰富的佛教画廊之一。我国美术史长达数千年，但历史上许多著名画家的作品多已失传，敦煌艺术的大量壁画和彩塑为研究我国美术史提供了丰富的实物资料。供参观的洞窟较有影响的是17窟、96窟、130窟、158窟、200窟、259窟、285窟、428窟等。

重点推荐：17窟、285窟

17窟（藏经洞）

17窟是晚唐开凿的一个洞窟，与16号窟是同时代开凿的。17号窟原来被16号窟甬道北壁的一层西夏时期的壁画所覆盖。清光绪二十六年（1900年）夏，一个道士王圆箓发现了这个洞窟，从而震惊了整个世界。洞内有数万经卷，因此人们习惯称其为"藏经洞"。当时，外国文化强盗闻风而至，利用王道士的愚昧和贪财，大肆掠夺。英国的斯坦因以考古为名，花了500两银子，用七天时间在洞内挑选了近万件写本、印本卷子，装满24大箱，其中有长一丈多的唐绣观音和我国现存最早的雕版印刷品《金刚经》，另外还挑选了五箱精美绘画艺术品，运回英国后收藏于伦敦大不列颠博物馆。法国人伯希和也以50两银子一捆的

发现于第17窟的洪辩塑像

代价，盗走5000多件珍品。美国人华尔纳用特殊的化学溶剂，剥走了七个洞中的26方壁画。1909年，清朝政府才下令将藏经洞所余文物全部运往北京，当时仅剩8697件，存放于京师图书馆。藏经洞的文物分藏于中国、英国、法国、日本、俄国和美国各地，从而在世界范围内掀起了敦煌学研究的热潮。

285窟

285窟在莫高窟早期洞窟中是规模最大、内容最丰富、艺术水平最高的一座。走进285窟，迎面是西壁。壁有三龛，主龛是彩塑释迦牟尼，头手均残。副龛是两位菩萨，只右侧那尊尚完整。壁上则是臣服于佛的印度诸天。龛楣上是飞天围护在佛陀周围，拈花供养。主龛左侧壁画，以湿婆为首。湿婆是印度教的大神之一，三头六臂，上举二手托日月，中二手持钻和矢，胸前一手持弓，另一手持物不清。正龛右侧是那

罗延天（毗湿奴，印度教另一大神）及其座下菩萨，再下则为四大天王。北壁主体是七组说法图，每组说法图下有发愿文和供养人的画像。285窟是一座多元性的万神殿，从中可以清晰地观察到西域与中原、佛教与婆罗门教、道教等诸种文化的汇流和演变。

壁画艺术

　　敦煌石窟艺术是集建筑、雕塑、壁画为一体的立体艺术，其中壁画艺术构成了最壮丽的风景，虽经历千百年的风沙侵蚀，但仍色彩鲜艳、线条清晰。环顾洞窟的四周和窟顶，到处都画有飞天、伎乐、菩萨、仙女等，真乃"天衣飞扬，满墙风动"。壁画内容除佛经故事、本生故事、佛教史迹、神怪传说、帝王生活、装饰图案等外，还有大量的民风民俗画面。如狩猎、耕作、打鱼、收割、推磨、舂米、盖房等生产风俗画面；婚丧、嫁娶、旅行、行医、剃度、洒扫等生活风俗图景；车船、梨担、连枷、纺车、织机等交通和生产工具的形象描绘；有学校、酒肆、屠房、旅店、集市等场所的风俗场面；有亭台、楼阁、宫殿、塔寺、院落、桥梁等建筑图样；还有音乐、舞蹈、杂技、节庆等娱乐活动的生动写照，真是一部古敦煌民风民俗的百科全书。

典故传说

飞天的传说

　　提起敦煌，人们就会想到神奇的飞天。飞天是民族艺术的一个绚丽形象。在莫高窟492个洞窟中，共有4500多身风格不同的飞天，大的2米多长，小的仅有几厘米。佛经中说，飞天是守护佛法的天龙八部诸神之一，是梵语"乾闼婆（天歌神）"、"紧那罗（天乐神）"

的合称，可以是男性形象，也可以是女性形象。他们以香为食，不近酒肉，每当天上举行佛会，便前来护法，因闻佛法而内心狂喜，便尽情地舞蹈着，纷纷把自己的上衣和天上的曼陀罗花、摩诃罗花供奉给佛。佛前那些散乱的天衣都停于虚空中，自然地翻卷着，乾闼婆、紧那罗等天神奏起了千万种美妙的音乐，降下如雨一般的天之花朵。历代飞天中，唐代飞天最为丰富多彩，气韵生动，既不像希腊插翅的天使，也不像古代印度腾云驾雾的天女。他（她）们身缠绵长的飘带，优美轻捷的身躯漫天飞舞。

阅读分享 趣味测评 图文资讯 拓展视频

微信扫码

龙门石窟

中文名称	龙门石窟
英文名称	Longmen Grottoes
入世时间	2000.11
所属类别	文化遗产
遴选标准	C（i）（ii）（iii）
所在省区	河南省

世界遗产委员会评语：

　　龙门地区的石窟和佛龛展现了中国北魏晚期至唐代（493～907年）最具规模和最为优秀的造型艺术。这些翔实描述佛教中宗教题材的艺术作品，代表了中国石刻艺术的最高峰。

全景素描

　　龙门石窟是我国四大石窟之一，位于洛阳城南12千米处。这里东有香山，西有龙门山，两山对峙，伊水于山间北流，远望犹如一座天然门厥，故古称"伊阙"。隋朝建都洛阳后，因宫城门面对"伊厥"而始称"龙门"。龙门山河壮丽，风景宜人，自古即为洛阳八景之冠。唐代大诗人白居易有"洛都四郊山水之胜，龙门首焉"的评语。

　　龙门石窟密布在伊水两岸长达一千米的两山崖壁上，始凿于北魏

龙门石窟远眺

孝文帝迁都洛阳前后，历经东魏、西魏、北齐、隋、唐、宋诸朝，雕凿不断。据统计：东西两山现存窟龛2345个，碑刻题记2800余块，佛塔40余座，造像十万余尊。其中北魏石窟占30%，唐代约占60%，其他时代窟龛共约占10%。

龙门石窟是佛教的石刻艺术，但却突破了宗教"仪轨"的束缚，折射出了当时的政治、经济和社会文化风貌。古代的匠师们以现实生活为源泉，创造了形态各异、大小不同、栩栩如生的艺术形象，同时还为后人保留了大量的宗教、美术、建筑、书法、音乐、服饰、医药等方面的实物资料。因此，龙门石窟堪称一座大型石刻艺术博物馆。

龙门石窟同甘肃敦煌莫高窟、山西大同云冈石窟、重庆大足石刻并称为中国四大石窟，共同入选了《世界遗产名录》。

奇境珍藏

龙门石窟群开凿于北魏至唐代，其中北魏时期的代表作品有古阳洞、宾阳中洞、莲花洞、普泰洞、魏字洞、石窟寺等；北齐时期的有药方洞；隋代的有梁佩仁造像龛；唐代的有潜溪寺、敬善寺、万佛洞、惠简洞、奉先寺、龙华寺、极南洞、看经寺等。

重点推荐：古阳洞、宾阳洞、潜溪寺

古阳洞

　　古阳洞又名老君洞，位于龙门西山南部，是龙门石窟中开凿最早、内容最丰富的一个洞窟，也是北魏皇室贵族造像最为集中的洞窟。洞内四壁及窟顶雕刻着各式佛龛，多达1000余个，碑刻题记800多品，是中国石窟中保存造像题记最多的一个洞窟。正壁雕刻着一佛、二菩萨。佛座下的高台上有北魏正始、永平、建昌年间所凿的造像龛。南北两壁凿有三列佛龛，佛龛拱顶和佛像雕工精巧华丽，纹饰丰富多彩，人像姿态虔诚逼真。洞内还雕有龙门石窟中最完整的佛传故事画面，如乘象投胎、树下诞生、步步生莲、九龙灌顶、立为太子、遣散仆马等。著名的"龙门二十品"魏碑法帖中，古阳洞独占19品，其字形端正大方，气势刚健质朴，结体、用笔在隶楷之间，堪称魏碑精品，也是中国书法的珍品。清代康有为在对龙门二十品进行了深入细致的研究之后，认为它有十美："魄力雄强、气势浑穆、笔法跳跃、点画峻厚、意态奇

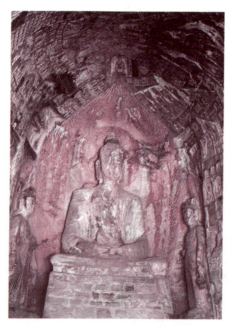

古阳洞造像

逸、精神飞动、兴趣酣足、骨法洞达、结构天成、血肉丰美。"

宾阳洞

宾阳洞包括南洞、中洞和北洞，是北魏开凿的洞窟之一。其中宾阳中洞开凿时间最长，前后用了24年才完成，其景象的壮观是龙门石窟之冠。洞内有11尊大佛像。主像释迦牟尼像端坐中央，高鼻大眼、体态端详；迦叶、阿难二弟子和文殊、普贤二菩萨侍立左右。佛和菩萨的衣锦纹理精密，由北魏早期的袒露右肩和通肩式变为褒衣博带式是孝文帝实行汉化政策在石刻艺术上的反映。洞顶雕有莲花宝盖，周围雕着飘逸脱俗的伎乐天人和供养天人，挺健飘逸，是北魏中期石雕艺术的杰作。洞中原有两幅大型浮雕《皇帝礼佛图》、《太后礼佛图》，是两幅反映当时帝王生活的图画，构图精美，雕刻细致，艺术价值很高，可惜后来流失国外。

宾阳中洞造像

潜溪寺

潜溪寺又名斋祓堂，是龙门西山北端的第一个大洞，为唐贞观十五年（641年）开凿，其洞宽约10米，深约7米，高9余米，因在凿洞时地下有源源不断流出的溪流而得名。洞内雕有一佛、二弟子、二菩萨和二天王。主佛阿弥陀佛高约7.4米，跏坐须弥台上，面相丰满，神态慈祥，衣纹斜垂座前，右手抬起，姿态静穆慈祥。主佛两侧刻阿难、迦叶二弟子和二菩萨、二天王。洞内前侧两壁各雕一护法天王，高颧大目、体魄雄壮、威武有力、身着甲胄、足踏鬼怪，表现了唐代武将的神情风貌。

云冈石窟

中文名称	大同云冈石窟
英文名称	The Yungang Grottoes, Datong
入世时间	2001.12
所属类别	文化遗产
遴选标准	C（i）（ii）（iii）
所在省区	山西省

世界遗产委员会评语：

位于山西省大同市的云冈石窟，有窟龛252个，造像51000余尊，代表了公元5世纪至6世纪时中国杰出的佛教石窟艺术。其中的昙曜五窟，布局设计严谨统一，是中国佛教艺术第一个巅峰时期的经典杰作。

全景素描

云冈石窟位于大同市西16千米处的武周山麓，是在北魏中期开凿的，前后用了60多年。石窟开凿初由著名的高僧昙曜主持，"于京城西武州塞，凿山石壁，开窟五所"。现第16至20窟就是"昙曜五窟"。石窟依山开凿，东西绵延一千米，现存主要洞窟45个，计1100多个小龛，大小造像51000余尊，是我国规模最大的石窟群之一。

云冈石窟

　　整个石窟分为东、中、西三部分，石窟内的佛龛，像蜂窝密布，大、中、小窟疏密有致地嵌贴在云冈半腰。东部的石窟多以造塔为主，故又称塔洞；中部石窟每个都分前后两室，主佛居中，洞壁及洞顶布满浮雕；西部石窟以中小窟和补刻的小龛为最多，修建的时代略晚，大多是北魏迁都洛阳后的作品。

　　云冈石窟以造像气魄雄伟、内容丰富多彩见称。最大的佛像高达17米，最小的2厘米，多为神态各异的宗教人物形象。石窟有形制多样的仿木构建筑物，有主题突出的佛传浮雕，有精雕细刻的装饰纹样，还有栩栩如生的乐舞雕刻，生动活泼，琳琅满目。其雕刻艺术继承并发展了秦汉雕刻艺术传统，吸收并融合了佛教艺术的精华，具有独特的艺术风格，对后来隋唐艺术的发展产生了深远的影响。云冈石窟是世界闻名的艺术宝库，也是中国与亚洲国家友好往来的历史见证。

云冈石窟的洞窟类型多样，结构复杂，主要有大像窟、佛殿窟、塔庙窟、僧房窟、禅窟等，其中前三种是云冈洞窟的主要类型。

重点推荐：第三窟、第五窟、第六窟、第九至十三窟、第十六至二十窟

第三窟

第三窟位于石窟群东侧，由外部看，此窟雄伟壮观，是云冈石窟中最大的洞窟。崖高25米，开窟面阔50米，中上部凿有12个方形石孔。该窟具有中国石窟寺中最为特殊的形制：窟分前后两室，后室平面呈"凹"字形，狭长的前室东西开门与后室相通，并在外壁对称开两门四窗，顶部形成洞窟外部的巨大平台，东西两侧皆为山体斜披立壁，其中

第三窟佛像

央紧靠崖壁突出一长方形洞窟，俗称"弥勒洞"。平台上所有雕刻造像均属北魏时期所为。后室西端所雕"西方三圣"，是初唐时人们在北魏时所开洞窟内雕凿的作品，是云冈石窟唯一的唐代佛像。主像阿弥陀佛，倚坐式，高10米，其两侧各为观世音和大势至菩萨。这三尊造像面部两颊腴润，体态丰满，形态自然，衣纹流畅，雕造手法与北魏时期风格大异。

第五窟、第六窟

第五窟"大像窟"与第六窟"塔庙窟"是一组双窟，位于云冈石窟中部。这两窟设计统一，气势宏大。两窟分别开有大型明窗和窟门，两窟中央耸立由"龟趺"负驮之巨大丰碑，东西两侧对称为九层高塔，窟前宽度达30余米，前庭宽大平坦。第五窟主要造像题材是"三世佛"，即过去、现在、未来佛，主尊释迦牟尼高达17米，是云冈石窟最高的造像。该窟壁面东北隅因山体渗水严重而多有风化，南壁和西壁则

第六窟前的楼阁

保存较好，满雕佛龛、佛像。拱门两侧刻有二佛对坐，在菩提树顶部浮雕飞天，线条优美，显现了北魏雕刻艺术之精妙，是中国传统建筑艺术与印度佛教艺术相结合的典范。

第六窟是云冈石窟雕刻中设计最精细、雕刻最华丽、内容最丰富、造像最多的精华洞窟"塔庙窟"。高达15米的中心塔柱分上下两层，上层"四方佛"褒衣博带，气宇轩昂；四角各雕立体方形九层塔，每层三龛三佛，层层出檐。下层四面开出大型双重佛像龛，豪华别致，龛龛不同：南面结跏趺坐释迦牟尼；西面善跏趺坐阿弥陀佛；北面"释迦、多宝"二佛并坐；东面莲花结跏趺坐（交脚）弥勒菩萨。其中最引人入胜的是雕刻于塔柱下层大龛两侧和洞窟四壁的"佛传故事"画面37幅，展示了释迦牟尼从诞生到成佛的经历，是北魏时期石窟寺佛本行故事中的珍品。

第九至十三窟——五华洞

五华洞指云冈石窟中部的第九至十三窟，是云冈石窟群的重要组成部分。这五窟因清代施泥彩绘而得名。第九、十窟建于北魏孝文帝年间，辽代曾在此兴建崇福寺。第十一至十三窟是一组，具有前后窟的第十二窟为中心窟。第十一窟中立方塔柱，塔柱四面上下开龛造像，除南面上龛为弥勒外，均为释迦立像。第十二窟前正室和东西壁上部均雕出三间仿木构建筑屋形佛龛，前列两柱，洞开三门，窟顶雕有伎乐天，手持排箫、琵琶、横笛、束腰鼓等乐器，是研究音乐史的重要资料。第十三窟本尊是交脚弥勒菩萨，高约13米，右臂下雕一力士托扛，既运用了力学原理，又兼具装饰效果。南壁上层的七佛立像和东壁下层的供养天人，皆为窟中精品。五华洞雕饰绮丽，丰富多彩，是研究北魏历史、

第十三窟交脚弥勒像

艺术、音乐、舞蹈、书法和建筑的珍贵资料。

第十六至二十窟——昙曜五窟

昙曜五窟现编号第十六至二十窟，是由昙曜和尚主持开凿的第一期窟洞，也是云冈石窟最引人注目的部分之一。窟内以道武、明元、太武、景穆、文成五帝为楷模，雕刻五尊大像。这五窟规模宏大，气魄雄伟，形制上共同特点是外壁满雕千佛，大体上都摹拟椭圆形的草庐形式，无后室。造像主要是三世佛（过去、现在、未来），主佛形体高大，占窟内主要位置。

第十六窟本尊释迦立像高13.5米，面相清秀，英俊潇洒。第十七窟正中为交脚弥勒坐像，高15.6米，窟小像大，气势宏伟。第十八窟为身披千佛袈裟的释迦立像，高15.5米，气势磅礴；东壁上层的众弟子造像造型奇特，技法娴熟。第十九窟本尊为释迦牟尼坐像，高16.8米，为云冈第二大造像。第二十窟的坐佛，则是云冈最著名的露天大佛。

第二十窟位于云冈石窟中部西隅，其中的这尊大佛原本也是在洞

第二十窟露天大佛

窟内的，可是后来洞窟的前壁塌落，致使坐佛暴露在外，巍然独存。露天大佛是释迦牟尼坐像，高13.7米，胸部以上石质坚硬，保存完好，两肩宽厚，面形丰圆，薄唇高鼻，神情肃穆。据推测，他是依照北魏开国皇帝道武帝的形象雕刻的，如同一位阅尽沧桑、雄才大略的君王，在俯视着人间。大佛全身比例适中，造型手法简练。正因成了露天雕像，所以虽是坐姿，却仍显得分外高大。背光的火焰纹和坐佛、飞天等浮雕十分华美，也把主佛衬托得雄浑大气。露天大佛是云冈石窟中的典型作品，也是中国佛像雕刻的杰出代表。

典故传说

魏文成帝凿窟赎罪

398年，北魏开国君主道武帝决定把都城由盛乐迁往平城。迁都后，信奉佛教的皇帝宣布把佛教定为国教。然而事隔48年后，到了446年，历史上发生了一件大事——太武灭佛。当时的北魏皇帝太武帝雄才大略，思想上受到了他的汉族老师崔浩的影响，不尊崇佛教。在崔浩的鼓励和支持下，他大肆焚毁佛寺，并强令僧人还俗。不久，太武帝身患重病。弥留之际，他忽然悟出这就是他灭佛的报应。太武帝死后，他的孙子文成帝继承皇位。为了替祖父赎罪，文成帝下令恢复佛法，大兴土木，建寺立庙，并且更加崇信佛法。460年，魏文成帝下令由凉州禅师昙曜主持开凿五所石窟，历时五年而成。"昙曜五窟"拉开了历史上修建云冈石窟的序幕。

自然遗产

九寨沟

中文名称	四川九寨沟国家级名胜区
英文名称	Jiuzhaigou Valley Scenic and Historic Interest Area
入世时间	1992.12
所属类别	自然遗产
遴选标准	N（iii）
所在省区	四川省北部九寨沟县的群山之中

世界遗产委员会评语：

　　九寨沟位于四川省北部，面积超过720平方千米，曲折狭长的九寨沟山谷海拔超过4800米，因而形成了一系列形态不同的森林生态系统。它壮丽的景色因一系列狭长的圆锥状喀斯特岩溶地貌和壮观的瀑布而更加充满生趣。沟中现存140多种鸟类，还有许多濒临灭绝的动植物物种，包括大熊猫和四川扭角羚。

全景素描

　　九寨沟因周围有九个藏族村寨而得名。它是世界罕见的以高山湖泊群和瀑布群为特色，集群海、溪流、瀑布、雪峰、林莽、钙华滩流等自然景观和藏族风情为一体的风景名胜区。九寨沟植被覆盖率为85.5%，其中52%的面积被茂密的原始森林所覆盖，沟中地僻人稀，景物特异，

富于原始自然风貌。九寨沟在东方被称为"人间仙境"，在西方有"童话世界"的美誉，而在当地藏民眼中，九寨沟就是上天赋予他们的神山圣水。

九寨沟主沟呈"Y"字形，由三条沟组成。其间有114个湖泊、17个瀑布群、5处钙华滩流、47眼泉水、11段激流，以1000余米的高差穿行于雪峰、林、谷之间，逶迤50千米。

奇境珍藏

九寨沟景观分布在树正、诺日朗、剑岩、长海、扎如、天海六大景区，以三沟一百一十八海为代表，包括五滩十二瀑，十流数十泉等水景，与九寨十二峰联合组成高山河谷自然景观。

重点推荐：九寨沟五绝——翠海、叠瀑、彩林、雪峰、藏情

翠海

九寨沟地区流传着这样一个传说：在十分遥远的年代，神女沃诺色姆的情人达戈送给她一面宝镜。神女或许是太高兴了，竟不慎失手

童话世界九寨沟

把宝镜摔成了118块，而这118块碎片便成了118个被称为"翠海"的彩色湖泊。在当地，人们赋予这些湖泊一个更具感情色彩的名字：海子。九寨沟的这118个"海子"终年碧蓝澄澈，明丽见底，而且随着光照变化、季节推移呈现不同的色调与水韵。这种彩色的湖水是阳光、水藻和湖底沉积物的"合作成果"。众多的湖泊由激流的瀑布连接，犹如用银链和白绢串联起来的一块块翡翠，各具特色，变幻无穷。难怪古人留下"黄山归来不看云，九寨归来不看水"的感叹。

叠瀑

　　瀑布是水流形式中的佼佼者，大自然之一绝。九寨沟是水的世界，也是瀑布的王国。众多的瀑布从密林里狂奔出来，其中就包括宽度居全国之冠的诺日朗瀑布。有些瀑布从山岩上腾越而下，几经跌宕，形成所谓的"叠瀑"，正如银龙竞跃一般，激溅起无数小水珠，化作迷茫的水雾；在朝阳下还常常出现奇丽的彩虹，显得如梦如幻，使人赏心悦目，流连忘返。

彩林

　　九寨沟景区一半以上的面积覆盖着茂密的彩林，占地高达300平方千米。林中生长着2000余种植物，其中不乏色彩绚丽的奇花异草，以及一些神秘莫测的孑遗植物，整片林子充满着原始气息。随着季节的变化，彩林呈现出种种奇丽的风貌。金秋时节的九寨沟如同披上了富丽的盛装，每一片森林都犹如天然的巨幅油画，令观者心醉而目眩。冬季的九寨沟则变成了银装素裹的世界，显得格外洁白、高雅，静谧异常，令人不禁生出些许世外之感。

雪峰

　　九寨沟的三条沟谷层峦叠嶂，其山势雄伟挺拔，在游人极目眺望之下，皑皑雪峰尽收眼底。登上尕尔纳山，只见山峦逶迤，谷壑幽幽，云海中絮浪翻腾，峰峦时隐时现，使游人如在海浪中沉浮升降一般，又如同游弋于天宇之中。

藏情

　　包括九寨沟在内的嘉陵江、岷江上游地区，古称氐羌之地，在殷商时期就有人类活动的历史记载。九寨沟长期以来即为藏族聚居地，神秘凝重、地域特色鲜明的藏族文化与奇异的山水风光融为一体，相得益彰。

九寨沟的生活习俗

500年前，九寨沟的先民们从遥远的"世界第三极"——西藏阿里迁徙至此，世世代代，繁衍生息，与西藏共享着博大精深的藏民族文化。九寨沟虽是藏民聚居地，但由于这里正处于从藏区到汉区、从牧区到农区的过渡地带，因此其民风民俗又不完全同于西藏，而是具有浓厚的边缘文化色彩。在九寨沟周围，藏、羌、回、汉各民族和睦相处，互相促进，共同繁荣，创造了独特的康巴文化，谱写了一曲悠扬的民族融合之歌。

至今，九寨沟人的衣食住行、婚丧嫁娶和生产方式等，还保持着浓郁而古朴的藏族传统：精美的服饰，剽悍的腰刀，香醇的青稞酒、酥油茶，洁白的哈达，欢快的踢踏舞，稳健的二牛抬杠，可见人们对生活的热爱。遍地的玛尼堆，高耸的喇嘛塔，循环不息的转经轮，可见人们对宗教的虔诚。

宝镜岩下，翡翠河旁，绿荫掩映中有一片飞阁流丹、金光耀眼、肃穆的建筑群，这就是九寨沟内唯一的宗教活动场所——扎如寺。该寺建于明末，最初面积为1.5万平方米，结构精巧，特点突出，具有浓郁的民族风格。每年的正月初五，扎如寺要举办"良敏王清"庙会，为了纪念本教有名的喇嘛圆寂升天。这天除全寺喇嘛和尚都要到庙里念经外，当地藏族群众也要换上干净的衣服到寺院参拜，以表示自己对宗教的诚笃和心灵的圣洁。

武陵源

中文名称	武陵源风景名胜区
英文名称	Wulingyuan Scenic and Historic Interest Area
入世时间	1992.12
所属类别	文化遗产
遴选标准	N（iii）
所在省区	湖南省

世界遗产委员会评语：

　　武陵源景色奇丽壮观，位于中国中部湖南省境内，面积369平方千米，景区内最独特的景观是3000余座尖细的砂岩柱和砂岩峰，大部分都有200余米高。在峰峦之间，沟壑、峡谷纵横，溪流、池塘和瀑布随处可见。景区内还有40多个石洞和两座天然形成的巨大石桥。除了迷人的自然景观，该地区还因庇护着大量濒临灭绝的动植物物种而引人注目。

全景素描

　　武陵源位于湖南省西北部武陵源山脉中段桑植县、慈利县交界处，隶属张家界市。总面积369平方千米，中心景区面积264平方千米。

　　武陵源风景区的生态系统比较原始。由于特定的地理条件，这里

中国文化与自然遗产

张家界金鞭岩

没有经过任何的人工雕凿。它没有古老悠久的开发史，没有帝王祭祀的遗迹，没有历代圣贤题留的碑雕石刻，独独以其神奇、全面的自然景观享誉天下。风景区内有3000多座形状奇异的石英砂岩山峰、800多条沟谷，因此人们用"三千峰林八百水"来形容其自然景观之盛。

武陵源以"奇峰、幽谷、秀水、深林、溶洞"享有盛誉，称为武陵源"五绝"。武陵源独特的石英砂岩峰林中外罕见。这些突兀的岩壁峰石，连绵万顷，层峦叠嶂，形成层次丰富的风景空间序列，以及跌宕起伏的节奏和韵律。在群峰中以天子山、黄狮寨等高台地为中心，形成"百鸟朝凤"、"众星拱月"之势。置身于峰林中，还可观赏变幻的云海、神秘的溶洞、奔泻的瀑布，其雄、奇、险、秀之处令人赞叹，故有"天下奇峰归武陵"的美誉。

作为一处长期与世隔绝的胜境，武陵源自然成为一座生物宝库，拥有众多的野生珍稀动植物物种资源，植被覆盖率达到97%，保存了长江流域古代孑遗植物群落的原始风貌；有高达50米、胸径近1.6米的古老银杏树，被称为自然遗产中的活化石；还有伯乐树、香果树等珍奇树种。在众多的植物中，武陵松分布最广，数量最多，形态最奇，有"武陵源里三千峰，峰有十万八千松"之誉。武陵源动物世界中，较多的是猕猴。而被当地人叫作"娃娃鱼"的大鲵，则遍见于溪流、泉、潭中。如今，这里建有大鲵国家级自然保护区。

武陵源由各具特色的四大风景区组成，分别是张家界、索溪峪、天子山、杨家界。

重点推荐：张家界、索溪峪、天子山、杨家界

张家界

张家界又名青岩山，面积130平方千米，是中国第一个国家森林公园，被誉为武陵源中一颗璀璨的明珠。张家界森林覆盖率达88％，地貌奇特，3000座奇峰拔地而起，形态各异，四周山地环抱，坡陡沟深，气候暖湿。区内景点众多，尤以金鞭岩、金鞭溪、琵琶溪等最为著名。

金鞭岩相对高度350米，上细下粗，顶端尖削，宛如一根长长的金鞭插在地面。传说当年秦始皇手持仙鞭赶山填海到此，被东海龙王发

金鞭溪

中国文化与自然遗产

129

觉，即派女儿出面阻止。龙女用美貌迷住秦始皇，以假鞭换走仙鞭。秦始皇发觉后，弃假鞭于此，变成了这座山峰。

金鞭溪因流经金鞭岩而得名，全长5700米，穿行于绝壁奇峰之间，溪谷有繁茂的植被，溪水四季清澈，被称为"山水画廊"、"人间仙境"。有诗赞曰："清清流水青青山，山如画屏人如仙，仙人若在画中走，一步一望一重天。"

琵琶溪一带林木繁茂，岩峰嶙峋，主要景点有九重仙阁、望郎峰、朝天观等，其中望郎峰最为奇妙。从不同角度观看，望郎峰会呈现三种仪态，由天真烂漫的少女变成成熟稳重的中年妇女，再变成老态龙钟的老婆婆，妙趣横生。

索溪峪

索溪峪景区有"峰两千，水八百"之称。这里有2000多座山峰，还有19道沟壑和6条溪流。山水辉映，描绘出一幅"山因水更奇，水因山更秀"的奇妙画卷。

百瀑溪是索溪峪中最为壮观的景色。这里到处都是瀑布，水流纵横飞泻，汇集之处自然就成了一条名副其实的"百瀑溪"了。

索溪峪中还有大型石灰岩溶洞100多个，可供游览的有十多个，而最具特色的当属黄龙洞。黄龙洞洞深15千米，总面积20万平方米。洞内钟乳迤逦，还有石柱、石幔、石瀑、石川、石鞭、石花等等，洞中有宫，宫中有河，规模宏大，气象万千，号称"地下明珠"。

天子山

天子山景区位于武陵源北，与张家界、索溪峪山水相依，交臂为

天子山

杨家界奇峰

邻，总面积67平方千米。天子山景观奇特，惊险无比，以峰高、峰大、峰多著称天下，素有"峰林之王"美称。顶峰昆仑峰海拔高1262.5米。

天子山有云雾、月辉、霞日、冬雪四大奇观，尤其以云雾著称，构成壮观的云海、云涛、云彩、云瀑等奇特景象。最令人瞩目的是云瀑。由于风向、气压的变化，云雾突然从山顶斜向跌入谷底，如同瀑布飞泻，气象非凡。尤以雨过初晴时分最为壮观，奔涌的云雾形成瀑、涛、浪、絮多种形态，连绵浩瀚，波澜壮阔。

杨家界

杨家界东接张家界，北邻天子山。相传，北宋杨家将围剿向王天子时曾在天子山安营扎寨。后因战争旷日持久，杨家便在此地繁衍后代，使这里成了"杨家界"。如今，杨家界还保存有《杨氏族谱》和明清时代的杨家祖墓，有"六郎湾"、"七郎湾"、"宗保湾"、"天波府"等地名。

杨家界分香芷溪、龙泉峡和百猴谷三个游览区。香芷溪峰高涧深，天远水清，斜阳古道，鸟叫蝉鸣，似世外桃源；龙泉峡绝壁罗列，是天然的屏障，宛若壮观的古城墙；百猴谷是猕猴和白鹭的家园，成队的猕猴出没于悬崖沟谷之间，成群的白鹭栖息于苍枝绿叶之中。此外，这里还有被称作"神州第一藤"的"绝壁藤王"。

鬼斧神工

武陵源地貌成因

石英砂岩峰林地貌：武陵源峰林造型各异，变化万千。其岩层特点是：石英含量高达75％～95％，厚度达520余米，其间夹薄层、极薄层云母粉砂岩或页岩结构。这种结构有利于自然造型雕塑，增强形象感。岩层裸露于平缓地带，增加了岩石的稳定性，为峰林拔地而起提供了先决条件。岩层间距一般为15～20米，为塑造千姿百态的峰林地貌形态和幽深峡谷提供了条件。基于上述因素，加之在区域新构造运动的间歇抬升、倾斜，流水侵蚀切割，重力作用，物理风化作用，生物化学及根劈等多种外力的作用下，山体便按复杂的自然演化过程形成峰林，显示出高峻、顶平、壁陡等特点。

构造溶蚀地貌：武陵源构造溶蚀地貌，面积达30.6平方千米，堪称"湘西型"岩溶景观的典型代表。其主要形态有溶纹、溶痕、溶窝、溶斗、溶沟、溶槽、石芽、埋藏石芽、石林、穿洞、洼地、石膜、漏斗、落水洞、竖井、天窗、伏流、地下河、岩溶泉等。溶洞主要集中于索溪峪河谷北侧及天子山东南缘，总数达数十个，以黄龙洞最为典型，被称为"洞穴学研究的宝库"，在洞穴学上具有游览和探险方面特殊的价值。

珍奇的地质遗迹景观：武陵源回音壁上泥盆系地层中的砂纹和跳鱼潭边岩画上的波痕，是不可多得的地质遗迹，不仅可供参观，而且是研究古环境和海陆变迁的证据。分布在天子山二叠系地层中的珊瑚化石，形如龟背花纹，故称"龟纹石"，是雕塑各种工艺品的上好材料。

阅读分享　趣味测评　图文资讯　拓展视频

微信扫码

文化和自然双重遗产

泰山

中文名称	泰山
英文名称	Mount Tai
入世时间	1987.12
所属类别	文化和自然双重遗产
遴选标准	N/C（iii）/（i）（ii）（iii）（iv）（v）（vi）
所在省区	山东省

世界遗产委员会评语：

　　庄严神圣的泰山，2000年来一直是帝王朝拜的对象，其山中的人文杰作与自然景观完美和谐地融合在一起。泰山一直是中国艺术家和学者的精神源泉，是古代中国文明和信仰的象征。

全景素描

　　泰山位于山东省中部，总面积426平方千米。它东望黄海，西襟黄河，前瞻孔孟故里，以拔地通天之势雄峙于中国的东方，是中国传统名山的典型代表，是一座历史悠久、千古不衰的名山。

　　泰山山势雄伟壮丽，气势磅礴，名胜古迹众多，有"五岳独尊"之誉，以"岱宗"而闻名于古今中外。由于泰山的特殊地位，它一直受到历代帝王的尊崇，被当作是江山永固的象征。历代文人也在泰山上留

东岳泰山

下了上千处题咏刻石，为中国书法艺术留下了珍贵遗产。同时，泰山又是佛、道两教的重地，因而遍山布满庙宇、名胜。数千年来，人们在对泰山的崇拜、审美、宗教及科学研究的漫长活动过程中，创造了极为丰富的泰山风景文化。泰山风景区内，有山峰156座，崖岭138座、名洞72处，奇石72块，溪谷130条，瀑潭64处，名泉72眼，古树名木万余株，寺庙58座，古遗址128处，碑碣1239块，摩崖石刻1277处。它们主要分布在岱阳、岱顶、岱阴及灵岩。

总之，泰山以自然景观为主，人文景观为辅，自然与文化相互渗透，融为一体。它体现了中华民族关于天地人和谐发展的哲学、美学和科学思想，是历史上中华民族精神文化的缩影和象征。

奇境珍藏

泰山的主要景点有：玉皇顶、岱庙、经石峪、斗母宫、王母池、五松亭、十八盘、南天门、碧霞祠等。

重点推荐：玉皇顶、五松亭、十八盘、南天门、碧霞祠

玉皇顶

　　玉皇顶又名天柱峰，是泰山绝顶，历代帝王在此地登高封禅。玉皇顶上有玉皇庙，为泰山地势最高的建筑群，古称太清宫、玉帝观，由山门、玉皇殿、观日亭、望河亭等建筑组成。玉皇庙创建于西汉，明代重修，山门额书"敕修玉皇顶"。正殿内奉祀明代铜铸的玉皇大帝像。神龛上匾额"柴望遗风"。远古帝王多在此燔柴祭天，望祀山川诸神。庙中有极顶石，极顶石上有通石碑，上刻"泰山极顶"和"1545米"两行字。1921年增修石栏时，王钧题"极顶"。石侧有《古登封台》碑。

五岳独尊石刻

　　庙前有无字碑，旧传为秦始皇封禅立石或为汉武帝立石，又传碑内封藏金简玉函，故又称石函。玉皇顶前盘道两侧有"儿孙罗列"、"目尽长空"、"青云可接"、"登峰造极"、"五岳独尊"、"擎天捧日"等大字题刻。

幽区景观

　　在泰山主峰附近，峰顶面以下，中天门到南天门一段的山谷景象奇伟深幽，谷壁陡峭，呈"V"字形，称为幽区景观。这里文物古迹荟萃，地势高亢开阔，足以仰观或俯视泰山绚丽的风光景色，并以五松亭、十八盘、南天门、碧霞祠闻名。

五松亭又名憩客亭，位于中天门北，因亭前有五大夫松而得名。《史记》载，秦始皇封泰山时中途遇雨，避于这几棵大树下，因封树为"五大夫"。明代万历年间，古松被雷雨所毁，今仅存两株，苍劲葱郁，自古被誉为"秦松挺秀"，列为泰安八景之一。

十八盘是泰山登山盘路中最险要的一段，为泰山的主要标志之一。此处两山崖壁如削，陡峭的盘路镶嵌其中，远远望去，恰似天门云梯。泰山之雄伟壮美，尽在十八盘。明代祁承濮有《十八盘》诗，道尽十八盘之险："拔地五千丈，冲霄十八盘。径丛穷处见，天向隙中观。重累行如画，孤悬峻若竿。生平饶胜具，此日骨犹寒。"

南天门位于泰山十八盘的尽头，海拔1460米，古称"天门关"。它建在飞龙岩与翔凤岭之间的低坳处，双峰夹峙，仿佛天门自开。门为阁楼式建筑，石砌拱形门洞，红墙点缀，黄色琉璃瓦盖顶，气势雄伟。

碧霞祠是岱顶的标志性建筑，泰山最大的古建筑群，供奉道教著名的女神——碧霞元君。宋大中祥符年间创建，金碧辉煌，香火鼎盛。南神门外有金藏库，专供上山香客焚纸烧香，老百姓俗称之为火池。火

"五大夫松"石坊

中国文化与自然遗产

139

十八盘

池有照壁，上书"万代瞻仰"。碧霞祠现存建筑保留了明代的规模及明代的铜铸构件，建筑风格多为清代中晚期的风格。

泰山脚下的风俗

泰山距孔子诞生地曲阜很近，因此泰安人的日常风俗深受儒家文化的影响。同时，泰山是道教名山，对泰安人的民间信仰影响也很大。

东岳庙会是为了庆祝东岳大帝的诞辰而举办。传说东岳大帝的生日是农历三月二十八日。自宋朝起，每年此时都会立泰山庙会以祭东岳大帝，地点即在岱庙。《水浒传》中燕青打擂就是在泰山东岳庙会上。另外，传说碧霞元君的生日为农历四月二十八日，比东岳大帝的生日只晚一个月。后来碧霞元君的影响超过了东岳大帝，因此东岳庙会延长了时间，增加了祭祀碧霞元君的内容。现在的东岳庙会会期在农历五月六日至十二日，一般在岱宗坊西侧的广场举行。庙会内容除正常的宗教活动以外，主要是经贸活动、旅游观光和文化娱乐。近年来，八方人士纷至沓来，国外客商及游客也不断增加。

"泰山石敢当"是我国大部分地区甚至国外中华文化圈的共同信仰。将写有"泰山石敢当"的石碑或石人立于路、桥要冲之处，或者砌于房屋墙壁之内，起到避妖邪、压灾殃的作用。日本、新加坡等国也有此风俗。

泰山脚下除了我国传统节日外，还有具有浓郁地方色彩的天贶节和浴佛节。天贶节源于宋真宗封禅泰山。宋真宗不仅在岱庙修建了天贶殿，而且定每年农历六月六日为天贶节。这一节日现已演绎成出嫁闺女回娘家看望双亲的节日，或者晒衣、晒书的日子。浴佛节为农历四月八日，传说是佛祖释迦牟尼的诞辰，当天会用水灌浴佛像，十分隆重。

黄山

中文名称	黄山
英文名称	Mount Huangshan
入世时间	1990.12
所属类别	文化和自然双重遗产
遴选标准	N/C（iii）（iv）/（ii）
所在省区	安徽省

世界遗产委员会评语：

　　黄山在中国历史上文学艺术的鼎盛时期（16世纪中叶）曾受到广泛的赞誉，以"震旦国中第一奇山"而闻名。今天，黄山以其壮丽的景色——生长在花岗岩石上的奇松和浮现在云海中的怪石而著称。对于从四面八方来到这个风景胜地的游客、诗人、画家和摄影家而言，黄山具有永恒的魅力。

全景素描

　　黄山古称黟山，雄踞于风景秀丽的皖南山区。传说轩辕黄帝曾在黄山采芝炼丹，羽化升天。于是唐天宝六年（747年），唐玄宗改黟山为黄山，一直沿用至今。

　　黄山总面积1200平方千米，主要风景区面积154平方千米，是号称

云雾笼罩的黄山

"五百里黄山"的精华部分。黄山素来以奇松、怪石、云海、温泉这"四绝"著称于世。

黄山有36大峰、36小峰，这72峰或崔嵬雄浑，或峻峭秀丽，布局错落有致，天然巧成。黄山上烟云弥漫，霞彩流光，大自然的美在这里汇聚，达到了超凡脱俗的境界。

黄山是大自然的骄子，独领天下奇山的风骚。著名旅行家徐霞客的名言"五岳归来不看山，黄山归来不看岳"，更是令黄山名满天下。

奇境珍藏

黄山景点多达数百处，大致分为温泉、玉屏、北海、松谷、云谷、白云六个景区。而其中的"四绝"堪称黄山风景的精华。黄山的三大主峰——天都峰、莲花峰、光明顶，海拔高度皆在1800米以上。黄山群峰以三大主峰为中心向四周铺展，跌落为深壑幽谷，隆起成峰峦峭壁，呈现出典型的峰林地貌。"四绝"即是奇松、怪石、云海、温泉。

重点推荐： 天都峰、黄山四绝

天都峰

位于黄山东部，西对莲花峰，东连钵盂峰，海拔1810米，是黄山三大主峰中最险峻的一座，古人用"健骨竦桀，卓立地表"来形容它。"天都"意为"群仙所都"、"天上都会"，峰顶有"登峰造极"石刻。天都峰虽高不及黄山的主峰莲花峰，但其险峻程度则绝非莲花峰可比，百丈云梯几乎直上直下，是鸟瞰黄山壮丽全景的理想之处，因此有"不登天都峰，等于一场空"之说。意为游黄山而不登天都，等于虚此一行。

天都峰

黄山四绝

奇松——迎客松是黄山松的代表，挺立于玉屏峰东侧，文殊洞上，破石而生，寿逾800年。树高10米左右，胸径64厘米，地径75厘米，树干中部伸出长达7.6米的两大侧枝展向前方，恰似一位好客的主人在迎接五湖四海的宾客。迎客松刚毅挺拔，形象可爱。有诗赞曰："奇松傲立玉屏前，阅尽沧桑色更鲜。双臂垂迎天下客，包容四海寿千年。"迎客松早已蜚声中外，成为中华民族热情好客的象征。

怪石——在黄山峰林之中，怪石星罗棋布，遍地皆是。有名可指的就有120余处，巧夺天工，妙趣横生。而且巧石多与青松为伴，构成一幅幅天然图画。这些巧石，大的就是一座山峰，小的如同盆景古玩，以酷似的形态和优美的神话传说结合在一起，使得个个有画的蕴含、诗的韵味，可谓形神兼备，给人以艺术美的享受，令人心驰神往。

云海——黄山
不仅是峰之海，还是
云之海。人们根据云
层飘浮的位置所在，
把它分成前海（南
海）、后海（北海）、

迎客松

东海和西海。黄山秀峰叠嶂，危崖突兀，幽壑纵横。气流在山峦间穿行，
上行下跃，环流活跃。漫天的云雾和层积云随风飘移，时而上升，时而下
坠，时而回旋，时而舒展，构成一幅奇特的千变万化的云海大观。清朝
吴应莲的《黄山云海歌》形象地描绘了黄山的云海奇观，其诗云：

> 望中汹涌如惊涛，天风震撼大海潮。
>
> 有峰高出惊涛上，宛然舟楫随波漾。
>
> 风渐起兮波渐涌，一望无涯心震恐。
>
> 山尖小露如垒石，高处如何同泽国。

温泉——被誉为"天下名泉"的黄山温泉位于紫云峰下。该泉与
陕西骊山的华清池、云南安宁的碧玉泉并称我国温泉中的"三奇"。即
使遭遇久旱之灾，泉水也不会干涸，在雨季也不会漫溢，水质纯净，可
饮可浴，水温常年保持在42摄氏度左右。

黄山脚下的民俗

　　黄山地处古徽州境内，山川秀丽，文风昌盛，商贾豪门显赫一时，新安文化独领风骚。但由于地势所限和礼教约束，其民间习俗也是自成一统。黄山人崇尚勤俭，读书耕田，注重礼仪，尊老扶幼，蔚然成风，世代绵延。这里无论是日常起居，还是婚丧嫁娶、生儿育女；无论是楹聊门对，还是喜庆庙会，竞技游艺，都不同程度地残留明、清以至唐、宋遗风。

　　黄山人日常生活俭朴，但十分讲究。住房布置必有字画，有的柱子上仍然保存着旧时木制楹联，如"世事让三分天宽地阔，心田存一点子种孙耕"、"经受苦方为志士，肯吃亏不是痴人"等等；厅堂长条案桌上东瓶西镜，取意"平静"，案前八仙桌，两旁罗汉椅，古风犹存。

　　黄山人家有两样必备的用具——火桶和竹筒。火桶用来烤火取暖，竹筒装盛食物。有的竹筒雕刻图纹，时常捧摸，光滑泛亮，俨然成了一件工艺品。火桶样式极多，有桶式、箱式，大小不一，内装火盆。桶式的有弧形台板，一个人坐着烤火；箱式的可供几人共用，围坐取暖。还有一种竹编火笼，形似小型竹篮，以铁皮小盆，铺上表灰，埋以炭火，既能拢在胸前，又能放在脚下。学生上学，人手一笼，听课时置于脚下，处处皆是，称得上是黄山民间一景。

　　黄山各地都产茶，黄山人也很爱喝茶。祁红、屯绿驰名海外。黄山所产黄山毛峰、太平猴魁、白黄芽、绿牡丹、松萝、雀香、莲心、顶谷大方等茶是为上品。黟县石墨岭生产一种"石墨茶"，含十多种微量元素，能防病抗衰，当地人多长寿，据说与此有关。黄山人好客，客到必上茶，不用茶壶，而用茶杯单沏，冲水以杯满七八分为宜，待茶叶发开后再添。黄山人喝茶时讲究慢啜细品。一杯好茶，汤清色碧，雾气袅袅，幽香扑鼻，令人气爽神清，回味无穷。

峨眉山和乐山大佛

遗产名片

中文名称	峨眉山和乐山大佛
英文名称	Mt.Emei and Leshan Giant Buddha
入世时间	1996.12
所属类别	文化和自然双重遗产
遴选标准	N/C（iv）/（iv）（vi）
所在省区	四川省

世界遗产委员会评语：

公元1世纪，在四川省峨眉山景色秀丽的山巅上，落成了中国第一座佛教寺院。随着四周其他寺庙的建立，该地成为佛教的主要圣地之一。许多世纪以来，文化财富大量积淀，其中最著名的要属乐山大佛。它是8世纪时人们在一座山岩上雕凿出来的，仿佛俯瞰着三江交汇之所。佛像身高71米，堪称世界之最。峨眉山还以其物种繁多、种类丰富的植物而闻名天下，从亚热带植物到亚高山针叶林可谓应有尽有，有些树木树龄已逾千年。

全景素描

峨眉山位于四川中南部，像一道巨大的翠屏耸立在成都平原西南，遥望弯曲柔美的山体轮廓，犹如少女的面容和修眉，于是得名"峨

乐山大佛

眉山"。峨眉山与"亚洲脊梁"昆仑山的支脉邛崃山相连，全山由大峨、二峨、三峨、四峨四座山组成。一般游人所到的，多为奇峰攒聚、名胜荟萃的大峨山，这就是今日人们通常所说的"峨眉山"。

峨眉山最高峰万佛顶海拔3099米，高出五岳之上。其山脉峰峦叠嶂，古木森森，飞瀑流泉，各处佳境妙趣横生，古雅神奇，享有"峨眉天下秀"的美称。峨眉山还是一座佛教名山，相传是释迦牟尼身旁的普贤大菩萨显灵说法的道场。它与山西五台山、浙江普陀山、安徽九华山并称为中国佛教的四大名山。

长久以来，峨眉山以其"秀甲天下"的山水风光，源远流长的佛教文化和独具特色的人文景观而享誉中外。

乐山大佛是峨眉风景区不可分割的组成部分，俗称"游峨眉必朝大佛，朝大佛多游峨眉"。峨眉山向东经峨眉山市31千米即至乐山。乐山大佛位于乐山市城东岷江、青衣江、大渡河三江汇合处，北距成都160余千米，是依凌云山栖霞峰临江峭壁凿造的一尊弥勒坐像，始凿于唐开元元年（713年），历时90余年方建成，建高71米，有"山是一尊佛，佛是一座山"之称，是世界上最大的石刻大佛。

奇境珍藏

峨眉山层峦叠嶂，山势雄伟，景色秀丽，气象万千，素有"一山有四季，十里不同天"之妙喻。乐山大佛头与山齐，足踏大江，双手抚膝，体态匀称，神势肃穆，依山凿成，临江危坐。

重点推荐：峨眉山、乐山大佛

一、峨眉山

清音阁

  清音阁又称卧云寺，位于峨眉山牛心岭下黑白二水汇流处，是唐僖宗年间慧通禅师修建，供有释迦牟尼、文殊、普贤大师之像，以晋人左思诗句"何必丝与竹，山水有清音"的诗意而得名。清音阁下有双飞桥，下有一黑一白两条溪水。这千古不断的激流冲击着双溪之间的牛心石，日日浪花四溅，水珠翻飞，声如琴瑟，回响于山中，形成了著名的"双桥清音"。传说唐代初年的高僧三藏，从印度取经归来，常常往返30多千米，前来夜听清音，风雨无阻，自得其乐。

  在清音阁，游者可看到山光水色，闻到花草芬芳，听到流泉清音，触摸到亭台碑石。它集中了视觉美、听觉美、嗅觉美，使游者获得峨眉风光总体的审美感受。"双桥清音"也因此被誉为"峨眉山十景"中的第一胜景。

洗象池

  洗象池旧名初喜庵，意为游人到此，以为快到顶了，心里欢喜。此处海拔2500米，已进入寒带，积年封雪，寒松冷杉，遍山皆是。此

洗象池

处于清康熙年间建寺。寺前曾有一泓六方开水池。传说佛祖释迦牟尼的大弟子普贤菩萨骑象登山时，曾在池中汲水洗象，因此得名"洗象池"。池下有升象石，石下镌有"岩谷灵光"四字。寺内有弥勒殿、大雄宝殿和观音殿。每当云收雾敛之时，这里碧空万里，月朗中天，这便是"峨眉山十景"之一的"象池夜月"。

金顶

金顶是峨眉山第二高峰，海拔3077米。金顶上有著名的佛教寺院华藏寺。华藏寺原称普光殿，相传东汉始建。金顶金殿为明万历年间妙峰禅师创建的铜殿，万历皇帝朱翊钧题名"永明华藏寺"。当早晨朝阳照射山顶时，金殿迎着阳光闪烁，耀眼夺目，十分壮观，故人们称此山为"金顶"。可惜在清代道光年间，一次大火烧坍了金殿，现华藏寺收藏有金殿窗门、铜牌等几件遗物。

峨眉金顶

在金顶可观峨眉山四大自然奇观：佛光、云海、日出、圣灯。在冬春之交天气晴朗的清晨、午后或日落之前，人背向太阳站立，能见到自己的暗影，暗影周围有彩色光环，人称佛光。在秋季雨后无月之夜，从睹光岩向谷底望去，可见无数光点在谷中闪烁、碰撞，由少到多，飘满山谷，僧人称为圣灯。

报国寺

报国寺位于峨眉山麓光明山下，是峨眉山最大的一座寺庙，也是峨眉山风景区的入口。该寺始建于明代万历年间，原名会宗堂，取释、道、儒三教合一之意。后清康熙帝将其改名"报国寺"，并亲书"报国寺"匾额。

报国寺背依凤凰坪，左靠伏虎山，苍松翠柏之中掩映着殿堂亭阁，环境十分幽静。中轴线上的主要建筑有山门、弥勒殿、大雄宝殿、藏经楼、七佛殿等。大

四面十方普贤金像

雄殿中间供奉释迦牟尼像，两旁排列十八罗汉像。七佛殿内，供奉着七尊高大的佛像，中间为释迦牟尼佛，旁边是毗婆尸等六佛。报国寺中最珍贵的文物，是明代大瓷佛、华严铜塔和莲花铜钟。大瓷佛像在七佛殿后，高2.4米。佛像底座为千页莲花，佛身披着千佛莲衣，暗含"一花一世界，千页千如来"的佛像经义。华严铜塔坐落在大雄宝殿后的平台上，塔上铸有精美的小佛像4700尊和《华严经》全文，铸工极为精细。莲花铜钟悬挂于报国寺对面小山上的圣积晚钟亭内，钟体铸上了晋、唐以后历代帝王和佛教高僧的名讳，还铸有《阿含经》经文。

二、乐山大佛

乐山大佛是一尊依山临江开凿的弥勒坐像，坐落于凌云山栖霞峰。凌云山是岷江、青衣江、大渡河三江汇合之处，水流直冲凌云山脚，势不可挡，洪水季节水势更猛，在古代往往使过往船只触壁粉碎。

唐玄宗开元元年（公元713年），凌云寺名僧海通见此甚为不安，想借助神力灭杀水患，于是发起修造大佛之念。唐玄宗开元元年，他开始募集人力、物力、财力，远及江淮流域，历时90年才完成。佛像高达71米，头高近12米，宽10米，肩宽28米，耳长7米，鼻长5.6米，眉长5.6米，眼长3.3米，手指长8.3米，脚背宽8.5米，上面可围坐百人以上。此外，佛头上的发髻共有1021个。整个大佛体态匀称，神情肃穆，令人叹为观止。

峨眉山来历的传说

传说在很久以前，峨眉山只是一块巨大无比的石山，颜色灰白，高接蓝天，寸草不生。一个聪明能干的石匠同他的妻子绣花女来到这里，为了建设美好的家园，决心用他们的双手将巨石打凿成一座青山。他们的决心和努力感动了天上的神仙。在神仙的帮助下，石匠把巨石凿刻成起伏的山峦和幽深的峡谷；绣花女把精心绣制的布帕和彩帕抛向天空。彩帕飘向山顶，变成艳丽无比的七彩光环；布帕飘舞在石山上，变成苍翠的树林、飞瀑流泉、怒放的山花和欢唱的飞鸟、跳跃的群猴、游走的百兽。一座座青山起舞，一道道绿水欢歌。因为这座青山像绣花女的眉毛一样秀美，所以人们称之为"峨眉山"。

武夷山

中文名称	武夷山
英文名称	Mount Wuyi
入世时间	1999.12
所属类别	文化和自然双重遗产
遴选标准	N/C（iii）（iv）/（iii）（vi）
所在省区	福建省

世界遗产委员会评语：

　　武夷山脉是中国东南部最负盛名的生物保护区，也是许多古代孑遗植物的避难所，其中许多生物为中国所特有。九曲溪两岸峡谷秀美，寺院庙宇众多，但其中也有不少早已成为废墟。该地区为唐宋理学的发展和传播提供了良好的地理环境。自11世纪以来，理学对中国东部地区的文化产生了相当深刻的影响。公元1世纪时，汉朝统治者在城村附近建立了一处较大的行政首府，厚重坚实的围墙环绕四周，极具考古价值。

全景素描

　　武夷山位于福建省西北部武夷山市境内，在市区以南约15千米，处在武夷山脉北段的东南麓，全长500多千米，景区面积约70平方千

中国文化与自然遗产

153

天游峰

米，最高峰黄岗山，海拔2118米。这里奇峰峭拔、碧水丹山，是典型的丹霞地貌，亿万年大自然的鬼斧神工形成了风光绝胜的美景，兼有黄山之奇、桂林之秀、泰岱之雄、华岳之险、西湖之美。武夷山是中国东南沿海大陆上的最高峰，以独特的神韵和最有特色的地表形状成为天下名山，享有"奇秀甲东南"的美誉。

除了自然景观独树一帜外，武夷山还是一座历史悠久的文化名山。早在新石器时期，古越人就已在此繁衍生息。如今悬崖绝壁上遗留的"架壑船棺"和"虹桥板"，就是古越人特有的葬俗。汉武帝时曾在此设坛祭祀山神"武夷君"。现此山较完整地保存着2000多年前的闽越族城村汉城遗址。唐代，唐玄宗大封天下名山，武夷山也受到封表，并刻石记载。朝廷还明令保护山林，不准砍伐。到了南宋，著名学者朱熹曾在武夷山聚徒授课、著书立说，宣传理学四十余载，武夷山随之成为东南的文化学术中心。清朝康熙二十六年（1687年），康熙帝御书"学达性天"颂赐朱熹，匾额悬挂于朱熹亲手创建的武夷精舍，故后人称武夷山为"三朝理学驻足之薮"。

奇境珍藏

武夷山风景区向来有"碧水丹山"之美誉，古人说它"水有三三胜，峰有六六奇"。"三三胜"指的是碧绿清透、盘绕山中的九曲溪，"六六奇"指的是千姿百态、夹岸森列的三十六峰。其山川景色四季不同，而且随天气而变幻莫测，瑰丽多姿。现全区分为九曲溪、武夷宫、桃源洞、云窝天游、一线天——虎啸岩、天心岩、水帘洞七大景区，共同构成了奇幻百出的武夷山水之胜。

武夷山的主要景点有：九曲溪、大王峰、武夷宫、幔亭峰、换骨岩、三姑石、仙鹤岩、莲花峰、妙莲寺、扣冰古佛壁雕、白岩仙舟、遇林亭窑址、水帘洞、古崖居、鹰嘴岩、云窝天游、架壑船棺与虹桥板等。

重点推荐：九曲溪、大王峰、武夷宫

九曲溪

九曲溪是武夷山的灵魂，其源头来自武夷山的最高峰黄岗山，溪水碧清，宛若天仙飘带，盘绕于武夷群峰之间，曲折有致，环结成"曲曲山回转，峰峰水抱流"的九曲之胜。这里丹山碧水、相映成趣，每一曲都有景致不同的山水画意。九曲溪河道弯弯曲曲，浅滩接着深潭，水流湍急。水流经九曲、八曲、七曲、六曲、五曲、四曲、三曲、二曲，然后到达一曲终点，汇入崇阳溪。古人游九曲喜欢逆水而上，从一曲到九曲；而现代人乘竹筏游九曲，大都从九曲至一曲，即从星村码头顺流而下至武夷宫上岸。一路上冲波击流，荡漾而下，抬头可见山景，俯首能赏水色，侧耳可听溪声，伸手能触清流，富有天然佳趣。

南宋朱熹作《九曲棹歌》九首，描绘九曲溪从一曲到九曲的胜景：

九曲溪

第一首是：

一曲溪边上钓船，幔亭峰影蘸晴川。

虹桥一断无消息，万壑千岩锁翠烟。

第九首是：

九曲将穷眼豁然，桑麻雨露见平川。

渔郎更觅桃源路，除是人间别有天。

大王峰

大王峰又名天柱峰，素有"仙壑王"之称，为武夷三十六峰之首。此峰雄占九曲溪口，摩霄凌云，雄伟壮观。在大王峰南麓壁下，有一条岩壁陡峭的裂隙蹬道，宽仅尺余，可登大王峰之巅。在山顶环顾四周，只见武夷诸峰皆朝拱此峰，俨然有"王者至尊"的气势，难怪民间有"不登大王峰，有负武夷游"之说。

大王峰

武夷宫

武夷宫位于九曲溪口旁，大王峰南麓，是武夷山景区的门户。汉武帝曾遣使在此地祭祀山神武夷君。武夷宫始建于唐天宝年间（742～755年），宋扩建至300多间。现存两口龙井和万年宫、三清殿。万年宫现在是朱熹纪念馆，宫内原有两株千年桂树，相传是南唐时代李良佐建观时所栽，以后枯死一株。到了宋代，朱熹补种了一株。两株桂树龙盘蛇曲，被称为"桂花王"。三清殿现在是国际兰亭学院所在地，殿内有四块珍贵的碑刻：忠定神道碑、洞天仙府、明龚一清和现代郭沫若游武夷的诗题。

大王与玉女的传说

一曲溪畔坐落着大王峰、玉女峰、铁板嶂三座山峰。铁板嶂横亘在大王峰和玉女峰之间。这三座山峰背后还有一段动人的传说：

很久以前，武夷山一带洪水猛兽相继为害，老百姓吃尽了苦头。有一位英俊的后生名叫大王，目睹百姓的惨状，决心彻底治理山河，降服洪水。于是，他带领大伙劈山凿石，疏通河道。在他的不懈努力下，洪水终于被治服了。被疏通的河道就是今天的九曲溪，挖出来的砂石则堆成了三十六峰、九十九岩。有一次，天上的玉女出游，路经武夷山时，被武夷山的美景迷住了。于是她便偷偷下凡，留在人间，爱上了勤劳勇敢的大王。此事不幸被铁板鬼知道了。他便从中作梗，将此事密告玉皇大帝。玉帝大怒，下令捉拿玉女归天。玉女不肯，与大王一同被点化成石，分隔在九曲溪两岸。铁板鬼为了讨好玉帝，也变成一块大石，横在这一对有情人中间，日夜监视着他们。二人只好凭借镜台，彼此泪眼相望。

在玉女峰下有一潭碧水，叫浴香潭，相传是玉女沐浴的地方。潭中有一方正巨石，上有"印石"二字，相传这是大王送给玉女的定情信物。玉女峰右侧山岩称"勒马岩"，上有"镜台"二字，五丈见方。字体工整俊秀，数里之外都能望见，是武夷山景区中最大的摩崖石刻。

书 目